Colección Neville Goddard

VOLUMEN 2

I0155930

INCLUYE

La Búsqueda (1946)

Sentir es el Secreto (1951)

Imaginación Despierta (1954)

Tiempo de Siembra y Cosecha (1956)

Traducción de
Marcela Allen Herrera

WISDOM COLLECTION

PUBLISHING HOUSE

Wisdom Collection
McKinney, Texas 75070

www.wisdomcollection.com

ISBN Paperback: 978-1-63934-066-8
ISBN Hardcover: 978-1-63934-037-8

PRESENTACIÓN

Es un honor presentarles el segundo volumen de la serie "Colección Neville Goddard". En esta edición, al igual que en la anterior, se han organizado los libros de forma cronológica según su fecha de publicación original. Esto permite seguir el progreso de las enseñanzas de Neville a lo largo del tiempo. Los títulos que se incluyen son:

La Búsqueda - (1946)
Sentir es el Secreto (1951)
Imaginación Despierta (1954)
Tiempo de Siembra y Cosecha (1956)

El compromiso de Neville con la verdad y la iluminación ha transformado la vida de innumerables personas, y me alegra poder compartir su sabiduría contigo. Aquellos que aplican las enseñanzas que se encuentran en estas páginas tienen el poder de crear un mundo mejor. Tú también puedes formar parte de esta transformación, inspirando a los demás con tus acciones y ayudando a construir un futuro más justo y próspero.

M.A.H.

CONTENIDOS

LA BÚSQUEDA

NEVILLE

LA BÚSQUEDA

Una vez, en un intervalo de ocio en el mar, medité sobre el "estado perfecto", y me pregunté cómo sería si yo tuviera ojos demasiados puros para contemplar la iniquidad, si para mí todas las cosas fueran puras y estuviera libre de condenación. Mientras me perdía en esta intensa meditación, me encontré elevado por encima del oscuro entorno de los sentidos. Tan intensa era la sensación, que me sentía un ser de fuego habitando en un cuerpo de aire. Voces como de un coro celestial, con la exaltación de los que han sido vencedores en un conflicto con la muerte, cantaban: "Ha resucitado, ha resucitado", e intuitivamente supe que se referían a mí.

Luego me pareció estar caminando en la noche. Pronto llegué a una escena que podría haber sido el antiguo estanque de Betesda, pues en ese lugar había una gran multitud de personas impedidas —ciegas, paralizadas, atrofiadas— pero no esperaban el movimiento del agua como de costumbre, sino que me esperaban a mí. A medida que me acercaba, sin pensamiento ni esfuerzo de mi parte, uno tras otro, iban siendo moldeados como por el Mago de la Belleza. Los ojos, las manos, los pies — todos los miembros que faltaban— eran atraídos desde algún depósito invisible y moldeados en armonía con esa perfección que sentía brotar dentro de mí. Cuando todos fueron perfeccionados, el coro clamó: "Está terminado". Entonces, la escena se disolvió y me desperté.

Sé que esta visión fue el resultado de mi intensa meditación sobre la idea de perfección, ya que mis meditaciones invariablemente traen consigo la unión con el estado contemplado. Había estado tan completamente absorto en la idea, que durante un tiempo me había convertido en lo que contemplaba, y el elevado propósito con el que me había identificado en ese momento atrajo la compañía de las cosas elevadas y modeló la visión en armonía con mi naturaleza interior. El ideal con el que estamos unidos actúa por asociación de ideas para despertar mil estados de ánimo y crear un drama acorde con la idea central.

Descubrí esta estrecha relación entre los estados de ánimo y la visión cuando tenía unos siete años. Empecé a ser consciente de que una misteriosa vida se agitaba dentro de mí, como un océano tormentoso de una fuerza aterradora. Siempre sabía cuándo me uniría a esta identidad oculta, pues mis sentidos estaban expectantes en las noches de estas visitas y sabía, con certeza, que antes de la mañana estaría a solas con la inmensidad. Temía tanto estas visitas que me quedaba despierto hasta que se me cerraban los ojos de puro cansancio. Cuando mis ojos se cerraban en el sueño, ya no estaba solo, sino que me sentía completamente unido a otro ser, sin embargo, sabía que era yo mismo. Parecía más viejo que la vida, pero más cercano a mí que mi niñez. Si cuento lo que descubrí en estas noches, no lo hago para imponer mis ideas a los demás, sino para dar esperanza a los que buscan la ley de la vida.

Descubrí que mi estado de ánimo expectante funcionaba como un imán para unirme a este Gran Yo, mientras que mis temores lo hacían aparecer como un mar tormentoso. Como niño, concebí a este misterioso ser como poder, y en mi unión con él sentí su majestuosidad como un mar tempestuoso que me empapaba, y luego me revolcaba y arrojaba como una ola indefensa.

Como hombre, lo concebí como amor y a mí mismo como hijo de él, y en mi unión con él, ahora, ¡qué amor me envuelve! Es un espejo para todos. Todo lo que concebimos que es, eso es para nosotros. Creo que es el centro a través del cual se trazan todos los hilos del universo; por lo tanto, he alterado mis valores y he cambiado mis ideas para que ahora dependan de esta única causa de todo lo que existe y estén en armonía con ella. Para mí, es esa realidad inmutable que moldea las circunstancias en armonía con el concepto que tenemos de nosotros mismos.

Mis experiencias místicas me han convencido de que no hay otra manera de alcanzar la perfección exterior que buscamos, que no sea mediante la transformación de nosotros mismos. En cuanto conseguimos transformarnos, el mundo se disuelve mágicamente ante nuestros ojos y se remodela en armonía con aquello que afirma nuestra transformación.

Contaré otras dos visiones porque confirman la verdad de mi afirmación de que, por la intensidad del amor y del odio, nos convertimos en lo que contemplamos.

Una vez, con los ojos cerrados y radiantes de contemplación, medité sobre la eterna pregunta: "¿Quién soy yo?", y sentí que me disolvía gradualmente en un mar infinito de luz vibrante, y que la imaginación pasaba más allá de todo miedo a la muerte. En este estado no existía nada más que yo mismo, un océano ilimitado de luz líquida. Nunca me había sentido tan íntimo con el Ser. No sé cuánto duró esta experiencia, pero mi regreso a la tierra estuvo acompañado por una clara sensación de cristalizarme nuevamente en forma humana.

En otra ocasión, me recosté en mi cama y con los ojos cerrados como si estuviera dormido, medité sobre el misterio de Buda. Poco después, las oscuras cavernas de mi cerebro comenzaron a volverse luminosas. Me parecía estar rodeado de nubes luminosas que emanaban de mi cabeza como anillos ardientes y pulsantes. Durante un momento no vi nada más que estos anillos luminosos. Entonces, apareció ante mis ojos una roca de cristal de cuarzo. Mientras la contemplaba, el cristal se rompió en pedazos y unas manos invisibles le dieron rápidamente la forma de un Buda viviente. Al contemplar esta figura meditativa, vi que era yo mismo. Yo era el Buda viviente que contemplaba. Una luz como la del sol resplandeció desde esta imagen viva de mí mismo con una intensidad creciente hasta que explotó. Entonces, la luz se desvaneció gradualmente y una vez más me encontré en la oscuridad de mi habitación.

¿De qué esfera o tesoro de designio salió este ser más poderoso que el humano, sus vestimentas, el cristal, la luz? Si veía, oía y me movía en un mundo de seres reales, cuando me parecía caminar en la noche, cuando los cojos, los paralíticos, los ciegos se transformaban en armonía con mi naturaleza interior, entonces, estoy justificado en suponer que tengo un cuerpo más sutil que el físico, un cuerpo que puede desprenderse del físico y utilizarse en otras esferas; porque ver, oír, moverse son funciones de un organismo aunque sea etéreo. Si medito sobre la alternativa de que mis experiencias psíquicas fueran fantasías que yo mismo he concebido, no deja de asombrarme este ser más poderoso que proyecta en mi mente un drama tan real como los que experimento cuando estoy completamente despierto.

He entrado en estas encendidas meditaciones una y otra vez, y sé más allá de toda duda que ambas asunciones son ciertas. Dentro de esta forma de tierra hay un cuerpo sintonizado con un mundo de luz, y yo, mediante una intensa meditación, lo he levantado como con un imán a través del cráneo de esta oscura casa de carne.

La primera vez que desperté los fuegos dentro de mí pensé que mi cabeza iba a explotar. Hubo una intensa vibración en la base de mi cráneo, y luego un repentino olvido de todo. A continuación, me encontré vestido con una prenda de luz y unido por un cordón elástico plateado al cuerpo adormecido en la cama. Mis sentimientos eran tan exaltados que me sentía relacionado con las estrellas. Con esta vestimenta recorrí esferas más familiares que la tierra, pero descubrí que, como en la tierra, las condiciones se moldeaban en armonía con mi naturaleza. "Fantasía autogenerada", te escucho decir. No más que las cosas de la tierra. Soy un ser inmortal concibiéndome como hombre y formando mundos a imagen y semejanza de mi concepto de mí mismo.

Lo que imaginamos, eso somos. Por nuestra imaginación hemos creado este sueño de vida, y por nuestra imaginación volveremos a entrar en ese mundo eterno de luz, convirtiéndonos en aquello que éramos antes de imaginar el mundo. En la economía divina nada se pierde. No podemos perder nada salvo por el descenso de la esfera donde la cosa tiene su vida natural. No hay poder transformador en la muerte y, estemos aquí o allá, modelamos el mundo que nos rodea por la intensidad de nuestra imaginación y sentimiento, e iluminamos u oscurecemos nuestras vidas por los conceptos que tenemos de nosotros mismos. Nada es más importante para nosotros que la concepción que tenemos de nosotros mismos, y esto es especialmente cierto en lo que respecta a nuestro concepto del Ser profundo y oculto dentro de nosotros.

Aquellos que nos ayudan o nos obstaculizan, lo sepan o no, son los servidores de esa ley que moldea las circunstancias externas en armonía con nuestra naturaleza interior. Es la concepción que tenemos de nosotros mismos la que nos libera o nos limita, aunque pueda utilizar organismos materiales para lograr su propósito.

Ya que la vida moldea el mundo externo para reflejar la disposición interior de nuestra mente, no hay manera de lograr la perfección externa que buscamos, sino mediante la transformación de nosotros mismos. Ninguna ayuda viene de fuera; las colinas a las que alzamos nuestros ojos son las de un rango interno. Por lo tanto, es a nuestra propia conciencia a la que debemos dirigirnos como la única realidad, el único fundamento sobre el que pueden explicarse todos los fenómenos. Podemos confiar absolutamente en la justicia de esta ley que nos dará solo lo que es de nuestra propia naturaleza.

Intentar cambiar el mundo antes de cambiar nuestro concepto de nosotros mismos es luchar contra la naturaleza de las cosas. No puede haber un cambio externo mientras no haya primero un cambio interno. Como es adentro, así es fuera. No estoy abogando por la indiferencia filosófica cuando sugiero que nos imaginemos que ya somos lo que queremos ser, viviendo en una atmósfera mental de grandeza, en lugar de utilizar medios físicos y argumentos para provocar el cambio deseado. Todo lo que hacemos, si no va acompañado de un cambio de conciencia, no es más que un fútil reajuste de superficies. Por mucho que nos esforcemos o luchemos, no podemos recibir más de lo que afirman nuestras premisas subconscientes. Protestar contra cualquier cosa que nos ocurra es protestar contra la ley de nuestro ser y contra el dominio que ejercemos sobre nuestro propio destino.

Las circunstancias de mi vida están demasiado relacionadas con mi concepto de mí mismo como para no haber sido lanzadas por mi propio espíritu desde algún almacén mágico de mi ser. Si hay dolor para mí en estos acontecimientos, debo buscar la causa en mi interior, pues soy movido aquí y allá y hecho para vivir en un mundo en armonía con el concepto que tengo de mí mismo.

La meditación intensa produce una unión con el estado contemplado, y durante esta unión vemos visiones, tenemos experiencias y nos comportamos de acuerdo con nuestro cambio de conciencia. Esto nos muestra que una transformación de la conciencia dará lugar a un cambio de entorno y de comportamiento.

Sin embargo, nuestras alteraciones comunes de conciencia, al pasar de un estado a otro, no son transformaciones, porque a cada una de ellas le sucede rápidamente otra en sentido inverso; pero siempre que un estado se estabiliza tanto como para expulsar definitivamente a sus rivales, entonces, ese estado habitual central define el carácter y es una verdadera transformación. Decir que nos hemos transformado significa que las ideas que antes eran periféricas en nuestra conciencia ahora ocupan un lugar central y forman el centro habitual de nuestra energía.

Todas las guerras demuestran que las emociones violentas son extremadamente potentes para precipitar reorganizaciones mentales. A cada gran conflicto le ha seguido una era de materialismo y codicia en la que quedan sumergidos los ideales por los que aparentemente se libró el conflicto. Esto es inevitable porque la guerra evoca el odio, que impulsa un descenso de la conciencia desde el plano del ideal al nivel donde se libra el conflicto.

Si nos emocionáramos tanto por nuestros ideales como lo hacemos por nuestras aversiones, ascenderíamos al plano de nuestros ideales con la misma facilidad con la que ahora descendemos al nivel de nuestros odios.

El amor y el odio tienen un mágico poder transformador y mediante su ejercicio nos convertimos en la semejanza de lo que contemplamos. Por la intensidad del odio creamos en nosotros mismos el carácter que imaginamos en nuestros enemigos. Las cualidades mueren por falta de atención, de modo que los estados desagradables podrían ser eliminados imaginando "belleza por cenizas y alegría por luto", en vez de atacar directamente el estado del que queremos liberarnos. "Todo lo bello y lo que es digno de admiración, piensa en esas cosas", porque nos convertimos en aquello con lo que somos afines.

No hay nada que cambiar, sino nuestro concepto de nosotros mismos. La humanidad es un solo ser, a pesar de sus múltiples formas y rostros, y en ella solo existe la aparente separación que encontramos en nuestro propio ser cuando soñamos. Las imágenes y las circunstancias que vemos en los sueños son creaciones de nuestra propia imaginación y no tienen existencia más que en nosotros mismos. Lo mismo ocurre con las imágenes y circunstancias que vemos en este sueño de vida. Ellas revelan el concepto que tenemos de nosotros mismos. Tan pronto como consigamos transformar el yo, nuestro mundo se disolverá y se remodelará en armonía con aquello que afirma nuestro cambio.

El universo que estudiamos con tanto cuidado es un sueño, y nosotros somos los soñadores del sueño, soñadores eternos soñando sueños no eternos.

Un día, como Nabucodonosor, despertaremos del sueño, de la pesadilla en la que luchamos con demonios, para descubrir que, en realidad, nunca abandonamos nuestro hogar eterno; que nunca nacimos y nunca hemos muerto, salvo en nuestro sueño.

SENTIR
es el
SECRETO

NEVILLE

CONTENIDOS

PRÓLOGO

Este libro se refiere al arte de realizar tu deseo. Te muestra el mecanismo utilizado en la producción del mundo visible. Es un libro pequeño, pero no ligero. Hay un tesoro en él, un camino claramente definido para la realización de tus sueños.

Si fuera posible llevar la convicción a otro por medio de argumentos fundamentados y detallados ejemplos, este libro estaría a la altura. Sin embargo, es casi imposible hacerlo mediante declaraciones o argumentos escritos, ya que al juicio suspendido siempre le parece plausible decir que el autor fue deshonesto o se equivocó y que, por lo tanto, sus evidencias estaban desvirtuadas. En consecuencia, he omitido a propósito todos los argumentos y testimonios, y simplemente desafío al lector de mente abierta a que practique la ley de la conciencia, tal como se revela en este libro. El éxito personal resultará mucho más convincente que todos los libros que puedan escribirse sobre el tema.

Neville

CAPÍTULO 1

LA LEY Y SU OPERACIÓN

El mundo y todo lo que está dentro de él, es la conciencia condicionada del individuo exteriorizada. La conciencia es la causa y también la sustancia del mundo entero. Por lo tanto, es a la conciencia a la que debemos dirigirnos si queremos descubrir el secreto de la creación.

El conocimiento de la ley de la conciencia y el método de funcionamiento de esta ley te permitirá lograr todo lo que deseas en la vida. Armado con un conocimiento práctico de esta ley, puedes construir y mantener un mundo ideal. La conciencia es la única realidad, y no en sentido figurado, sino verdaderamente.

Para mayor claridad, esta realidad puede compararse con una corriente que se divide en dos partes, el consciente y el subconsciente. Para operar inteligentemente la ley de la conciencia, es necesario comprender la relación entre el consciente y el subconsciente.

El consciente es personal y selectivo, el subconsciente es impersonal y no selectivo. El consciente es el reino del efecto; el subconsciente es el reino de la causa. Estos dos aspectos son las divisiones masculina y femenina de la conciencia. El consciente es masculino; el subconsciente es femenino. El consciente genera ideas e impresiona estas ideas en el subconsciente; el subconsciente recibe las ideas y les da forma y expresión.

Por esta ley, primero se concibe una idea y luego se impresiona la idea concebida en el subconsciente. Todas las cosas evolucionan a partir de la conciencia, y sin esta secuencia, nada de lo que ha sido hecho fue hecho. El consciente impresiona al subconsciente, mientras que el subconsciente expresa todo lo que se le impresiona. El subconsciente no origina ideas, sino que acepta como verdadero lo que la mente consciente siente como verdadero y, de una manera que solo ella conoce, manifiesta las ideas aceptadas. Por lo tanto, a través de su poder de imaginar y sentir, así como de su libertad para elegir la idea que va a albergar, la persona tiene el control sobre la creación. El control del subconsciente se logra mediante el control de sus ideas y sentimientos.

El mecanismo de la creación está escondido en lo más profundo del subconsciente, el aspecto femenino o matriz de la creación. El subconsciente trasciende la razón y es independiente de la inducción. Contempla un sentimiento como un hecho que existe en sí mismo, y sobre esta suposición procede a darle expresión. El proceso creativo comienza con una idea y su ciclo sigue su curso como un sentimiento y termina en la voluntad de actuar.

Las ideas se impresionan en el subconsciente a través del sentimiento. Ninguna idea puede impresionarse en el subconsciente hasta que es sentida, pero una vez sentida —sea buena, mala o indiferente— debe ser expresada.

El sentimiento es el único medio a través del cual las ideas se transmiten al subconsciente. Por lo tanto, quien no controle sus sentimientos puede fácilmente impresionar el subconsciente con estados no deseados. El control de los sentimientos no significa la restricción o supresión de los sentimientos, sino más bien la disciplina de uno mismo para imaginar y mantener solo aquellos sentimientos que contribuyan a nuestra felicidad. El control de los sentimientos es muy importante para una vida plena y feliz.

Nunca albergues un sentimiento indeseable ni pienses en el mal en ninguna forma o manera. No te detengas en la imperfección de ti mismo o de los demás. Hacerlo es impresionar al subconsciente con estas limitaciones. Lo que no quieres que te hagan, no sientas que te lo hacen a ti o a otro. Esta es toda la ley de una vida plena y feliz. Todo lo demás son comentarios.

Cada sentimiento hace una impresión subconsciente y, a menos que sea contrarrestado con un sentimiento más fuerte de una naturaleza opuesta, debe ser expresado. El sentimiento más dominante de los dos es el que se expresa. «Estoy sano» es un sentimiento más fuerte en comparación con «estaré sano». Sentir que «seré» es confesar que «no soy». Yo soy, es más poderoso que yo no soy. Lo que sientes que eres siempre domina lo que sientes que te gustaría ser; por lo tanto, para ser manifestado, el deseo debe ser sentido como un estado que es, en lugar de un estado que no es.

El sentimiento precede a la manifestación y es la base sobre la cual descansa toda manifestación. Ten cuidado con tus estados de ánimo y tus sentimientos, porque existe una conexión ininterrumpida entre tus sentimientos y tu mundo visible.

Tu cuerpo es un filtro emocional y lleva las marcas inconfundibles de tus emociones predominantes. Las perturbaciones emocionales, especialmente las emociones reprimidas, son las causas de todas las enfermedades. El hecho de sentir intensamente algo malo, sin decir o expresar ese sentimiento, es el comienzo del malestar — "mal-estar"— tanto en el cuerpo como en el entorno. No albergues el sentimiento de arrepentimiento o de fracaso, porque la frustración o el distanciamiento de tu objetivo se traduce en malestar.

Piensa con sentimiento únicamente en el estado que deseas manifestar. Sentir la realidad del estado deseado, vivir y actuar sobre esa convicción, es la forma de todos los aparentes milagros. Todos los cambios de expresión se producen a través de un cambio de sentimiento. Un cambio de sentimiento es un cambio de destino.

Toda creación se produce en el dominio del subconsciente. En consecuencia, lo que debes adquirir es un control reflexivo del funcionamiento del subconsciente, es decir, el control de tus ideas y sentimientos.

El azar o el accidente no son los responsables de las cosas que te suceden, ni tampoco el destino predestinado es el autor de tu fortuna o desgracia. Tus impresiones subconscientes determinan las condiciones de tu mundo. El subconsciente no es selectivo, es impersonal y no hace acepción de personas. El subconsciente no se preocupa por la verdad o la falsedad de tus sentimientos. Siempre acepta como verdadero lo que tú sientes como verdadero. El sentimiento es el consentimiento del subconsciente a la verdad de lo que se declara como verdadero.

Debido a esta cualidad del subconsciente no hay nada imposible para el ser humano. Todo lo que la mente puede concebir y sentir como verdadero, el subconsciente puede y debe exteriorizarlo. Tus sentimientos crean el patrón a partir del cual se modela tu mundo, y un cambio de sentimiento es un cambio de patrón.

El subconsciente nunca deja de expresar lo que se le ha impresionado. En el momento en que recibe una impresión, comienza a elaborar las formas de su expresión. Acepta el sentimiento impreso en él —tu sentimiento— como un hecho que existe dentro de sí mismo e inmediatamente se pone a producir la semejanza exacta de ese sentimiento en el mundo exterior u objetivo. El subconsciente nunca altera las creencias aceptadas. Las reproduce hasta el último detalle, sean o no beneficiosas.

Para impresionar el subconsciente con el estado deseado debes asumir el sentimiento que sería tuyo si ya hubieras realizado tu deseo. Al definir tu objetivo, debes preocuparte solo por el objetivo en sí. La forma de expresión o las dificultades que conlleva no deben ser consideradas por ti. Pensar con sentimiento en cualquier estado, lo imprime en el subconsciente. Por lo tanto, si te quedas pensando en las dificultades, las barreras o los retrasos, el subconsciente, por su propia naturaleza no selectiva, acepta el sentimiento de las dificultades y los obstáculos como tu petición y procede a producirlos en tu mundo exterior.

El subconsciente es la matriz de la creación. Recibe la idea para sí mismo a través de los sentimientos. Nunca cambia la idea recibida, pero siempre le da forma. Por lo tanto, el subconsciente reproduce la idea a imagen y semejanza del sentimiento recibido. Sentir un estado como irremediable o imposible es impresionar al subconsciente con la idea de fracaso.

Aunque el subconsciente sirve fielmente a la persona, no debe inferirse que la relación es la de un sirviente con un amo, como se concebía antiguamente. Los antiguos profetas lo llamaban esclavo y siervo del hombre. San Pablo la personificó como "mujer" y dijo:

"La mujer debe estar sujeta al hombre en todo" (Efesios 5:24).

El subconsciente sirve al individuo y fielmente da forma a sus sentimientos. Sin embargo, el subconsciente tiene una clara aversión a la obligación y responde a la persuasión más que a la orden; en consecuencia, se asemeja más a la esposa amada que a la sierva.

"El marido es cabeza de la mujer" (Efesios 5:23).

Puede que esto no sea cierto para el hombre y la mujer en su relación terrenal, pero sí lo es para el consciente y el subconsciente, o los aspectos masculino y femenino de la conciencia. El misterio al que se refería Pablo cuando escribió:

> Grande es este misterio… El que ama a su mujer a sí mismo se ama… Y los dos serán una sola carne.

Esto es simplemente el misterio de la conciencia. La conciencia es realmente una e indivisible, pero por el bien de la creación parece estar dividida en dos.

El consciente (objetivo) o aspecto masculino es realmente la cabeza y domina al subconsciente (subjetivo) o aspecto femenino. Sin embargo, este liderazgo no es el del tirano, sino el del amante. Entonces, al asumir el sentimiento que sería tuyo si ya estuvieras en posesión de tu objetivo, el subconsciente es movido a construir la semejanza exacta de tu asunción.

Tus deseos no son aceptados subconscientemente hasta que asumes el sentimiento de su realidad, porque solo a través del sentimiento se acepta subconscientemente una idea, y solo a través de esta aceptación subconsciente puede ser expresada.

Es más fácil atribuir tus sentimientos a los acontecimientos del mundo que admitir que las condiciones del mundo reflejan tus sentimientos. Sin embargo, es eternamente cierto que el exterior refleja el interior. "Como es adentro, así es afuera".

> "Un hombre no puede recibir nada si no le es dado del cielo" (Juan 3:27).

> "El reino de los cielos está dentro de ustedes". (Lucas 17:21).

Nada viene desde afuera, todas las cosas vienen desde adentro, del subconsciente. Es imposible que veas otra cosa que no sea el contenido de tu conciencia. Tu mundo, en todos sus detalles, es tu conciencia exteriorizada. Los estados objetivos dan testimonio de las impresiones subconscientes. Un cambio de impresión da como resultado un cambio de expresión.

El subconsciente acepta como verdadero lo que tú sientes como verdadero, y como la creación es el resultado de las impresiones subconscientes, tú, por tu sentimiento, determinas la creación. Tú ya eres lo que quieres ser, y tu negativa a creerlo es la única razón por la cual no lo ves.

Buscar en el exterior lo que no sientes que eres es buscar en vano, porque nunca encontramos lo que queremos, solo encontramos lo que somos. En resumen, solo expresas y tienes lo que eres consciente de ser o poseer.

"Al que tiene se le dará más"
(Mateo 13:12; Lucas 8:18; Marcos 4:25).

Negar la evidencia de los sentidos y apropiarse del sentimiento del deseo cumplido es el camino para la realización de tu deseo. El dominio y control de tus pensamientos y sentimientos es tu mayor logro. Debes alcanzar perfecto dominio de ti mismo, de modo que, a pesar de las apariencias, sientas todo lo que quieras sentir. Utiliza el sueño y la oración para ayudarte a realizar tus estados deseados. Estas son las dos puertas de entrada al subconsciente.

CAPÍTULO 2

EL SUEÑO

El sueño, la vida que ocupa un tercio de nuestra estancia en la tierra, es la puerta natural al subconsciente. Por lo tanto, ahora nos ocuparemos del sueño.

Los dos tercios conscientes de nuestra vida en la tierra se miden por el grado de atención que le damos al sueño. Nuestra comprensión y deleite en lo que el sueño tiene para otorgarnos, hará que, noche tras noche, nos dirijamos hacia él como si estuviéramos cumpliendo una cita con un amante.

"En un sueño, en una visión nocturna, cuando un sueño profundo cae sobre los hombres, mientras dormitan en sus lechos, entonces él abre el oído de los hombres y sella su instrucción".
(Job 33:15-16).

Es en el sueño y en la oración, un estado semejante al sueño, el individuo accede al subconsciente para hacer sus impresiones y recibir sus instrucciones.

En estos estados el consciente y el subconsciente se unen creativamente. Lo masculino y lo femenino se convierten en una sola carne. El sueño es el momento en que lo masculino, o mente consciente, se aparta del mundo de los sentidos para buscar a su amante o ser subconsciente.

El subconsciente —a diferencia de la mujer del mundo, que se casa con su marido para cambiarlo— no tiene ningún deseo de cambiar el estado de vigilia consciente, sino que lo ama tal como es y reproduce fielmente su semejanza en el mundo exterior de la forma.

Las condiciones y los acontecimientos de tu vida son tus hijos formados a partir de los moldes de tus impresiones subconscientes en el sueño. Están hechos a imagen y semejanza de tu sentimiento más íntimo para que te revelen a ti mismo.

"Como en el cielo, así también en la Tierra".
(Mateo 6:10; Lucas 11:2).

Como en el subconsciente, así también en la tierra. Lo que tengas en la conciencia al irte a dormir es la medida de tu expresión en los dos tercios de tu vida terrenal en vigilia.

Nada te impide realizar tu objetivo, excepto tu incapacidad de sentir que ya eres lo que deseas ser, o que ya estás en posesión de lo que buscas. Tu subconsciente da forma a tus deseos solo cuando sientes que tu deseo se ha cumplido.

La inconsciencia del sueño es el estado normal del subconsciente. Debido a que todas las cosas provienen desde tu interior, y tu concepción de ti mismo determina lo que viene, siempre debes sentir el deseo cumplido antes de quedarte dormido.

Nunca atraes de lo más profundo de ti mismo lo que deseas; siempre atraes lo que eres, y eres lo que sientes que eres, así como lo que sientes que es verdad en los demás.

Por lo tanto, para ser manifestado, el deseo debe resolverse en el sentimiento de ser, o tener, o presenciar el estado buscado. Esto se logra asumiendo el sentimiento del deseo cumplido. El sentimiento que surge en respuesta a la pregunta: "¿Cómo me sentiría si se cumpliera mi deseo?" es el sentimiento que debe monopolizar e inmovilizar tu atención mientras te relajas en el sueño. Debes estar en la conciencia de ser o tener aquello que deseas ser o tener, antes de quedarte dormido.

Una vez dormido, ya no hay libertad de elección. Todo el sueño está dominado por su último concepto de sí mismo en estado de vigilia. Por lo tanto, se deduce que siempre se debe asumir el sentimiento de realización y satisfacción antes de dormir.

"Vengamos ante su presencia con acción de gracias" (Salmos 95:2).

"Entren por sus puertas con acción de gracias, y a sus atrios con alabanza" (Salmos 100:4).

Tu estado de ánimo antes de dormir define tu estado de conciencia cuando entras en presencia de tu amante eterno, el subconsciente. Te ve exactamente cómo sientes que eres. Si al prepararte para dormir asumes y mantienes la conciencia del éxito, sintiendo: "soy exitoso", debes tener éxito.

Acuéstate bocarriba, con la cabeza al mismo nivel que el cuerpo. Siente como si estuvieras en posesión de tu deseo y relájate tranquilamente en la inconsciencia.

"Jamás duerme ni se adormece el que cuida de Israel" (Salmos 121:4).

"Él da a su amado aún mientras duerme" (Salmos 127:2).

El subconsciente nunca duerme. El sueño es la puerta por la que pasa la mente consciente despierta para unirse creativamente al subconsciente. El sueño oculta el acto creativo, mientras que el mundo objetivo lo revela.

En el sueño, el individuo impresiona al subconsciente con la concepción que tiene de sí mismo. Una hermosa descripción de este romance entre el consciente y el subconsciente es la que se relata en el "Cantar de los Cantares":

"En mi lecho, por las noches, he buscado al que ama mi alma… Hallé al que ama mi alma; lo agarré y no quise soltarlo, hasta que lo llevé a la casa de mi madre y a la alcoba de la que me concibió".

Al prepararte para dormir, debes sentirte en el estado del deseo realizado, y luego relajarte en la inconsciencia. Tu deseo realizado es aquel a quien buscas. Por la noche, en tu cama, buscas el sentimiento del deseo realizado para llevarlo contigo a la alcoba de la que te concibió, al sueño o al subconsciente que te dio forma, para que este deseo también pueda ser expresado. Esta es la manera de

SENTIR ES EL SECRETO

descubrir y conducir tus deseos al subconsciente. Siéntete en el estado del deseo realizado y déjate caer tranquilamente en el sueño.

Noche tras noche, debes asumir el sentimiento de ser, tener y presenciar aquello que buscas ser, poseer y ver manifestado. Nunca te vayas a dormir sintiéndote desanimado o insatisfecho. Nunca duermas en la conciencia del fracaso. Tu subconsciente, cuyo estado natural es el sueño, te ve como crees que eres, y ya sea bueno, malo o indiferente, el subconsciente encarnará fielmente tu creencia. Tal como te sientes, así será la impresión que harás, y ella, la amante perfecta, dará forma a estas impresiones y las exteriorizará como hijos de su amado.

"Toda tú eres hermosa, amada mía, y no hay defecto en ti" (Cantares 4:7).

Esa es la actitud mental que se debe adoptar antes de dormir. No hagas caso de las apariencias y siente que las cosas son como quieres que sean, porque:

"Él llama las cosas que no son, como si fueran" (Romanos 4:17).

Asumir el sentimiento de satisfacción es llamar a la existencia aquellas condiciones que reflejarán la satisfacción. "Las señales siguen, no preceden". La prueba de que eres seguirá a la conciencia de que eres; no lo precederá.

Eres un soñador eterno, soñando sueños, no eternos. Tus sueños toman forma a medida que asumes el sentimiento de su realidad. No te limites al pasado. Sabiendo que nada es imposible para la conciencia, comienza a imaginar estados más allá de las experiencias del pasado.

Todo lo que la mente puede imaginar, lo puede realizar. Todos los estados objetivos (visibles) fueron primero estados subjetivos (invisibles) y tú los hiciste visibles asumiendo el sentimiento de su realidad. El proceso creativo consiste primero en imaginar y luego en creer el estado imaginado. Imagina y espera siempre lo mejor.

El mundo no puede cambiar mientras no cambies tu concepto de él. "Como es adentro, así es afuera". Las naciones, al igual que las personas, solo son lo que tú crees que son. No importa cuál sea el problema, no importa dónde esté, no importa a quién concierne, no tienes a nadie a quien cambiar, excepto a ti mismo, y no tienes ni oponente ni ayudante para llevar a cabo el cambio dentro de ti mismo. No tienes nada más que hacer que convencerte de la verdad de aquello que deseas ver manifestado. En cuanto consigues convencerte de la realidad del estado que buscas, los resultados confirman tu convicción. Uno nunca sugiere a otro el estado que desea verle expresar, sino que se convence de que ya es lo que uno desea que sea.

La realización de tu deseo se logra asumiendo el sentimiento del deseo cumplido. No puedes fracasar a menos que no te convenzas de la realidad de tu deseo. Un cambio de creencia se confirma con un cambio de expresión.

Cada noche, cuando caigas en el sueño, siéntete satisfecho y sin defecto, porque tu amante subjetiva siempre forma el mundo objetivo a imagen y semejanza de tu concepción de él, la concepción definida por tu sentimiento.

Los dos tercios de tu vida terrenal en vigilia siempre corroboran o dan testimonio de tus impresiones subconscientes. Las acciones y los acontecimientos del día son efectos; no son causas.

El libre albedrío es solo la libertad de elección.

"Escojan hoy a quién han de servir"
(Josué 24:15).

Es tu libertad de elegir el estado de ánimo que asumirás; pero la expresión del estado de ánimo es el secreto del subconsciente. El subconsciente solo recibe impresiones a través de los sentimientos y, de una manera que solo él conoce, da forma y expresión a estas impresiones.

Las acciones que realiza cada persona están determinadas por sus impresiones subconscientes. Su ilusión del libre albedrío, su creencia en la libertad de acción, no es más que la ignorancia de las causas que le hacen actuar. Piensa que es un ser libre porque ha olvidado el vínculo entre él y el acontecimiento.

La persona despierta está obligada a expresar sus impresiones subconscientes. Si en el pasado hizo impresiones erróneas, que empiece a cambiar su pensamiento y su sentimiento, pues únicamente así cambiará su mundo.

No pierdas ni un momento en remordimientos, porque pensar con sentimiento en los errores del pasado es volver a infectarse.

"Deja que los muertos entierren a sus muertos" (Mateo 8:22; Lucas 9:60).

Olvida las apariencias y asume el sentimiento que sería tuyo si ya fueras quien deseas ser. Sentir un estado produce ese estado.

El papel que desempeñas en el escenario del mundo está determinado por la concepción que tienes de ti mismo. Al sentir tu deseo cumplido y relajarte tranquilamente en el sueño, te pones en el papel de estrella que representarás mañana en la Tierra y, mientras duermes, ensayas y te instruyes en tu papel.

La aceptación del final automáticamente dispone los medios para su realización. No te equivoques en esto. Si mientras te preparas para dormir no te sientes conscientemente en el estado del deseo cumplido, entonces, llevarás contigo a la alcoba de la que te concibió, la suma total de las reacciones y sentimientos del día de vigilia; y mientras duermes, serás instruido en la forma en que se expresarán mañana. Te levantarás creyendo que eres un agente libre, sin darte cuenta de que cada acción y acontecimiento del día está predeterminado por el concepto que tenías de ti mismo mientras te dormías. Por lo tanto, tu única libertad es tu libertad de reacción. Eres libre de elegir cómo te sientes y cómo reaccionas ante el drama del día, pero el drama —las acciones, eventos y circunstancias del día— ya han sido determinados.

A menos que definas consciente y deliberadamente la actitud mental con la que te vas a dormir, inconscientemente, te vas a dormir con la actitud mental compuesta por todos los sentimientos y reacciones del día. Cada reacción produce una impresión subconsciente y, a menos que sea contrarrestada por un sentimiento opuesto y más dominante, es la causa de la acción futura.

Las ideas envueltas en sentimientos son acciones creativas. Utiliza tu derecho divino sabiamente. A través de tu capacidad de pensar y sentir, tienes dominio sobre toda la creación. Mientras estás despierto eres un jardinero seleccionando semillas para tu jardín, pero:

"Si el grano de trigo no cae en tierra y muere, queda solo; pero si muere, da abundante fruto" (Juan 12:24).

El concepto que tienes de ti mismo cuando te duermes es la semilla que dejas caer en el suelo del subconsciente. Dormirte sintiéndote satisfecho y feliz hace que aparezcan en tu mundo condiciones y acontecimientos que confirman estas actitudes mentales.

El sueño es la puerta al cielo. Lo que tomas como un sentimiento lo sacas como una condición, acción u objeto en el espacio. Así que duerme en el sentimiento del deseo cumplido.

CAPÍTULO 3

LA ORACIÓN

La oración, al igual que el sueño, es también una entrada al subconsciente.

"Cuando ores, entra en tu aposento, y cuando hayas cerrado la puerta, ora a tu Padre que está en secreto, y tu Padre, que ve en lo secreto, te recompensará abiertamente" (Mateo 6:6).

La oración es una apariencia de sueño que disminuye la impresión del mundo exterior y hace que la mente sea más receptiva a las sugerencias del interior. Durante la oración, la mente se encuentra en un estado de relajación y receptividad similar al que se alcanza justo antes de dormirse.

La oración no es tanto lo que pides, sino cómo te preparas para recibirlo.

"Todas las cosas por las que oren y pidan, crean que ya las han recibido, y les serán concedidas" (Marcos 11:24).

La única condición requerida es que creas que tus oraciones ya fueron atendidas. Tu oración debe ser respondida si asumes el sentimiento que sería tuyo si ya estuvieras en posesión de tu objetivo. En el momento en que aceptas el deseo como un hecho consumado, el subconsciente encuentra los medios para su realización. Para orar con éxito, entonces, debes ceder al deseo, es decir, sentir el deseo cumplido.

La persona perfectamente disciplinada está siempre sintonizada con el deseo como un hecho cumplido. Sabe que la conciencia es la única realidad, que las ideas y los sentimientos son hechos de la conciencia y son tan reales como los objetos en el espacio. Por consiguiente, nunca alberga un sentimiento que no contribuya a su felicidad, ya que los sentimientos son las causas de las acciones y circunstancias de su vida.

Por otra parte, la persona indisciplinada tiene dificultades para creer lo que niegan los sentidos y suele aceptar o rechazar únicamente basándose en las apariencias de los sentidos.

Debido a esta tendencia a confiar en la evidencia de los sentidos, es necesario apartarlos antes de comenzar a orar, antes de intentar sentir lo que ellos niegan. Siempre que te encuentres en el estado mental: "Me gustaría, pero no puedo", cuanto más te esfuerces, menos serás capaz de ceder al deseo. Nunca atraes aquello que deseas, sino que siempre atraes aquello que eres consciente de ser.

La oración es el arte de asumir el sentimiento de ser y tener aquello que deseas. Cuando los sentidos confirman la ausencia de tu deseo, todo esfuerzo consciente para contrarrestar esta sugestión es inútil y tiende a intensificar la sugestión.

La oración es el arte de dar paso al deseo y no de forzarlo. Siempre que tu sentimiento esté en conflicto con tu deseo, el sentimiento será el vencedor. El sentimiento dominante se expresa invariablemente. La oración debe ser sin esfuerzo. Al intentar fijar una actitud mental negada por los sentidos, el esfuerzo es fatal.

Para dar paso exitosamente al deseo como un hecho cumplido, debes crear un estado pasivo, una especie de ensueño o reflexión meditativa, similar a la sensación que precede al sueño. En ese estado de relajación, la mente se aparta del mundo objetivo y percibe fácilmente la realidad de un estado subjetivo. Es un estado en el cual eres consciente y bastante capaz de moverte o abrir los ojos, pero no tienes ningún deseo de hacerlo.

Una forma sencilla de producir este estado pasivo es relajarse en una silla cómoda o en una cama. Si estás en la cama, acuéstate bocarriba con la cabeza a la altura del cuerpo, cierra los ojos e imagina que tienes sueño. Siente: "Tengo sueño, mucho sueño, mucho sueño".

Al cabo de un rato, te envuelve una sensación de lejanía acompañada de una lasitud general y la pérdida de todo deseo de moverte, te sientes en un descanso agradable y confortable. No te sientes inclinado a alterar tu posición, aunque en otras circunstancias no estarías nada cómodo. Cuando alcances este estado pasivo, imagina que has realizado tu deseo; no cómo se ha realizado, sino simplemente el deseo cumplido.

Imagina, en forma de imagen, lo que deseas conseguir en la vida; luego, siente que ya lo has conseguido. Los pensamientos producen pequeños movimientos del habla que pueden ser escuchados en el estado pasivo de la oración como pronunciamientos desde el exterior. Sin embargo, este grado de pasividad no es esencial para la realización de tus oraciones. Todo lo que es necesario es crear un estado pasivo y sentir el deseo cumplido.

Todo lo que puedas necesitar o desear ya es tuyo. No necesitas ningún ayudante para conseguirlo; ya es tuyo. Haz realidad tus deseos imaginando y sintiendo tu deseo cumplido. Al aceptar el final, te vuelves totalmente indiferente a un posible fracaso, ya que la aceptación del final determina los medios para alcanzarlo.

Cuando sales del momento de oración, es como si te mostraran el final feliz y exitoso de una obra de teatro, aunque no te mostraran cómo se logró ese final. Sin embargo, habiendo presenciado el final, independientemente de cualquier secuencia anticlimática, permaneces tranquilo y seguro sabiendo que el final ha sido perfectamente definido.

CAPÍTULO 4

ESPÍRITU – SENTIMIENTO

"No por el poder ni por la fuerza, sino por mi espíritu, dice el Señor de los ejércitos".
(Zacarias 4:6).

Entra en el espíritu del estado deseado, asumiendo el sentimiento que sería tuyo si ya fueras quien quieres ser. Al captar el sentimiento del estado deseado, te liberas de todo esfuerzo por conseguirlo, porque ya lo tienes.

Hay un sentimiento definido asociado con cada idea en la mente. Capta el sentimiento asociado con tu deseo realizado, asumiendo el sentimiento que sería tuyo si ya estuvieras en posesión de aquello que deseas, y tu deseo se manifestará.

La fe es sentimiento.

"Conforme a tu fe (sentimiento) te sea hecho". (Mateo 9:29)

Nunca atraes lo que quieres, sino siempre lo que eres. Como una persona es, así ve.

"Porque al que tiene, se le dará más y al que no tiene, aun lo que tiene se le quitará".
(Mateo 13:12)

Aquello que sientes que eres, eso eres, y se te da aquello que eres. Por lo tanto, asume el sentimiento que sería tuyo si ya estuvieras en posesión de tu deseo, y tu deseo debe realizarse.

"Dios creó a los seres humanos a su propia imagen. A imagen de Dios los creó". (Génesis 1:27)

"Haya, pues, en ustedes esta actitud (esta manera de pensar) que hubo también en Cristo Jesús, el cual, aunque existía en forma de Dios, no consideró el ser igual a Dios como algo a qué aferrarse".
(Filipenses 2:5,6)

Tú eres lo que crees que eres. En lugar de creer en Dios o en Jesús, cree que eres Dios o que eres Jesús.

"El que en mí cree, las obras que yo hago, él las hará también" (Juan 14:12).

Esto debería ser: "El que cree como yo creo, las obras que yo hago él las hará también". A Jesús no le pareció extraño hacer las obras de Dios, porque creía que él mismo era Dios.

"Yo y mi Padre somos uno" (Juan 10:30)

Es natural hacer las obras de quien crees ser. Por eso, vive en el sentimiento de ser quien quieres ser y lo serás.

Cuando una persona cree en el valor del consejo que se le da y lo aplica, establece en sí misma la realidad del éxito.

IMAGINACIÓN DESPIERTA

NEVILLE

CONTENIDOS

CAPÍTULO 1

¿QUIÉN ES TU IMAGINACIÓN?

"No descanso de mi gran tarea,
Abrir los Mundos Eternos,
abrir los ojos inmortales del Hombre
hacia los Mundos del Pensamiento:
hacia la eternidad, siempre expandiéndose
en el seno de Dios, la Imaginación Humana"
(Blake, Jerusalén 5: 18-20).

Ciertas palabras, al ser utilizadas durante mucho tiempo, adquieren tantas connotaciones extrañas que casi dejan de tener algún significado. Una de esas palabras es: imaginación. Esta palabra está hecha para servir a todo tipo de ideas, algunas de ellas directamente opuestas entre sí. Fantasía, pensamiento, alucinación, sospecha; ciertamente, su uso es tan amplio y sus significados tan variados, que la palabra imaginación no tiene una categoría ni un significado fijo. Por ejemplo, le pedimos a alguien que "use su imaginación", lo que significa que su perspectiva actual es demasiado restringida y, por tanto, no está a la altura de la tarea. A continuación, le decimos que sus ideas son "pura imaginación", lo que implica que sus ideas no son sólidas. Hablamos de una persona celosa o desconfiada como "víctima de su propia imaginación", lo que significa que sus pensamientos son falsos. Un minuto después, rendimos el más alto homenaje a una persona describiéndola como una "persona de imaginación". Por lo tanto, la palabra imaginación no tiene un significado definitivo. Ni siquiera el diccionario nos ayuda. Define la imaginación como:

(1) El poder de representación o acto de la mente, el principio constructivo o creativo.

(2) Un fantasma.

(3) Una noción o creencia irracional.

(4) la planificación, la conspiración o la maquinación que implica una construcción mental.

Yo identifico a la figura central de los Evangelios con la imaginación humana, el poder que hace inevitable el perdón de los pecados y el logro de nuestros objetivos.

"Todas las cosas fueron hechas por medio de él, y sin él nada de lo que ha sido hecho, fue hecho" (Juan 1: 3)

Solo hay una sola cosa en el mundo. La Imaginación, y todas nuestras distorsiones de ella.

"Fue despreciado y desechado de los hombres, varón de dolores y experimentado en aflicción" (Isaías 53: 3)

La imaginación es la puerta misma de la realidad. Blake dijo: "El hombre es bien el arca de Dios o un fantasma de la tierra y del agua". "Naturalmente, él es solo un órgano natural sujeto al Sentido". "El Cuerpo Eterno del Hombre es La Imaginación: eso es Dios mismo. El Cuerpo Divino, Yod, Shin, Ayin: Jesús: nosotros somos sus miembros".

No conozco ninguna definición más grande y verdadera de la imaginación que la de Blake. Por la imaginación tenemos el poder de ser cualquier cosa que deseamos ser. Mediante la imaginación desarmamos y transformamos la violencia del mundo. Nuestras relaciones más íntimas, así como las más casuales, se vuelven imaginativas cuando despertamos al "misterio oculto desde los siglos", que Cristo en nosotros es nuestra imaginación. Entonces nos damos cuenta de que solo en la medida en que vivimos de la imaginación podemos decir que vivimos de verdad.

Quiero que este libro sea la obra más sencilla, clara y franca que pueda hacer, para animarte a funcionar imaginativamente, para que puedas abrir tus "Ojos Inmortales hacia el interior, a los Mundos del Pensamiento", donde contemplas cada deseo de tu corazón como un grano maduro "blanco, listo para la cosecha".

"He venido para que tengan vida, y para que la tengan en abundancia" (Juan 10: 10)

51

La vida abundante que Cristo nos prometió es nuestra para ser experimentada ahora, pero no podremos experimentarla hasta que no tengamos el sentido de Cristo como nuestra imaginación.

"El misterio que ha estado oculto desde los siglos... Cristo en ustedes, la esperanza de gloria" (Colosenses 1: 26-27)

Es tu imaginación. Este es el misterio que siempre me esfuerzo por comprender más profundamente y por instar a los demás a hacerlo.

La imaginación es nuestro redentor, "el Señor del cielo" nacido del hombre, pero no engendrado por el hombre.

Todas las personas son María y deben dar a luz a Cristo. Si la historia de la inmaculada concepción[1] y el nacimiento de Cristo parece irracional, es solo porque se lee erróneamente como biografía, historia y cosmología, y los exploradores modernos de la imaginación no ayudan llamándola mente inconsciente o subconsciente. El nacimiento y crecimiento de la imaginación es la transición gradual de un Dios de tradición a un Dios de experiencia. Si el nacimiento de Cristo en el individuo parece lento, es solo porque no está dispuesto a abandonar el cómodo, pero falso anclaje de la tradición.

Cuando la imaginación sea descubierta como el primer principio de la religión, la piedra del entendimiento literal habrá sentido la vara de Moisés y, como la roca de Sion,

---

[1] Neville utiliza este término en referencia a lo que tradicionalmente se llama el nacimiento virginal. —Ed.

emitirá el agua del significado psicológico para saciar la sed de la humanidad; y todos los que tomen la copa ofrecida y vivan una vida de acuerdo con esta verdad transformarán el agua del significado psicológico en el vino del perdón. Entonces, como el buen samaritano, lo derramarán sobre las heridas de todos.

El Hijo de Dios no se encuentra en la historia ni en ninguna forma externa. Solo se le puede encontrar como la imaginación de aquel en quien se manifiesta su presencia.

> ¡Ojalá tu corazón fuera un pesebre para su nacimiento! Dios volvería a ser un niño en la tierra.

El ser humano es el jardín en el que duerme este Hijo unigénito de Dios. Despierta a este Hijo elevando su imaginación al cielo y vistiendo a la humanidad como si fuera un dios. Debemos seguir imaginando mejor de lo que conocemos.

En el momento de su despertar a la vida imaginativa, el individuo debe superar la prueba de la filiación.

"Padre, revela a Tu Hijo en mí"

"Tuvo a bien revelar a su Hijo en mí"
(Gálatas 1: 15-16)

La prueba suprema de la filiación es el perdón del pecado. La prueba de que tu imaginación es Jesucristo, el Hijo de Dios, es tu capacidad de perdonar el pecado. Pecado significa fallar en la vida, no alcanzar el ideal, no lograr el objetivo. El perdón significa la identificación del individuo con su ideal o meta en la vida. Este es el trabajo de la imaginación despierta, el trabajo supremo, porque pone a prueba la capacidad de la persona de entrar y tomar parte de la naturaleza de su opuesto.

"Que el débil diga: ¡Soy fuerte!" (Joel 3: 10)

Razonablemente, esto es imposible. Solo la imaginación despierta puede entrar y participar de la naturaleza de su opuesto.

Esta concepción de Jesucristo como imaginación humana plantea estas interrogantes fundamentales: ¿Es la imaginación un poder suficiente, no solamente para permitirme asumir que soy fuerte, sino que también es capaz de ejecutar la idea por sí misma? Supongamos que deseo estar en otro lugar o situación. Si me imagino en ese estado y lugar, ¿podría llevar a cabo su realización física? Supongamos que no puedo costear el viaje y supongamos que mi actual situación social y económica se opone a la idea que quiero realizar. ¿Sería la imaginación capaz de encarnar por sí misma estos deseos? ¿La imaginación comprende la razón? Por razón, me refiero a las deducciones de las observaciones de los sentidos. ¿La imaginación reconoce el mundo externo de los hechos? En la práctica de la vida cotidiana, ¿es la imaginación una guía completa del comportamiento? Supongamos que soy capaz de actuar con una imaginación continua, es decir, supongamos que soy capaz de mantener el sentimiento de mi deseo cumplido, ¿se convertirá en un hecho mi asunción? Y, si se convierte en un hecho, al analizarlo, ¿encontraré que mis acciones durante el período de incubación han sido razonables? ¿Es mi imaginación un poder suficiente, no solo para asumir el sentimiento del deseo cumplido, sino que es también por sí misma capaz de encarnar la idea? Después de asumir que ya soy lo que deseo ser, ¿debo continuamente guiarme por ideas y acciones razonables para poder traer el cumplimiento de mi asunción?

La experiencia me ha convencido de que una asunción, aunque sea falsa, si se persiste en ella se convertirá en un hecho, que la imaginación continua es suficiente para todas las cosas, y todos mis planes y acciones razonables nunca compensarán mi falta de imaginación continua.

¿No es verdad que las enseñanzas de los Evangelios solo pueden ser recibidas en términos de fe y que el Hijo de Dios está constantemente buscando señales de fe en la gente, es decir, fe en su propia imaginación? La promesa:

"Cree que has recibido, y recibirás"
(Marcos 11: 24)

¿Acaso no es lo mismo que "imagina que ya eres, y lo serás"? ¿No era un estado imaginado en el que Moisés:

"Se mantuvo firme como si estuviera viendo al invisible"? (Hebreos 11: 27)

¿No fue por el poder de su propia imaginación que él se mantuvo firme?

La verdad depende de la intensidad de la imaginación, no de los hechos externos. Los hechos son el fruto que atestigua el uso o el mal uso de la imaginación. La persona se convierte en lo que imagina. Tiene una historia

55

autodeterminada. La imaginación es el camino, la verdad, la vida revelada.

No podemos encontrar la verdad con la mente lógica. Donde el ser natural de los sentidos ve un capullo, la imaginación ve una rosa completamente florecida. La verdad no puede ser contenida por los hechos. Al despertar a la vida imaginativa, descubrimos que imaginar que una cosa es así la convierte en tal, que un juicio verdadero no tiene por qué ajustarse a la realidad externa con la que se relaciona.

El imaginativo no niega la realidad del mundo exterior sensorial del Devenir, pero sabe que es el mundo interior de la continua imaginación la fuerza por la que el mundo exterior sensual del Devenir se hace realidad. Ve el mundo externo y todos sus acontecimientos como proyecciones del mundo interno de la imaginación. Para él, todo es una manifestación de la actividad mental que se desarrolla en la imaginación humana, sin que el razonable ser de los sentidos sea consciente de ello. Pero se da cuenta de que es preciso que cada uno tome conciencia de esta actividad interior y vea la relación entre el mundo causal interior de la imaginación y el mundo exterior sensorial de los efectos.

Es algo maravilloso descubrir que uno puede imaginarse a sí mismo en el estado de su deseo cumplido y escapar de la cárcel que la ignorancia construyó.

El ser Real es una magnífica imaginación. Es este ser el que debe ser despertado.

> "Despierta, tú que duermes, levántate de entre los muertos, y Cristo te alumbrará" (Efesios 5: 14)

En el momento en que el individuo descubre que su imaginación es Cristo, realiza actos que a este nivel solo pueden llamarse milagrosos.

"Tú no me escogiste a mí, yo te he escogido".
(Juan 15: 16)

Pero mientras no tenga el sentido de Cristo como su imaginación, verá todo en pura objetividad, sin ninguna relación subjetiva. Al no darse cuenta de que todo lo que encuentra forma parte de sí mismo, se rebela ante la idea de que ha elegido las condiciones de su vida, que están relacionadas por afinidad con su propia actividad mental. El individuo debe creer firmemente que la realidad está dentro de él y no fuera.

Aunque los demás tengan cuerpos, una vida propia, su realidad está enraizada en ti, termina en ti, como la tuya termina en Dios.

CAPÍTULO 2

INSTRUCCIONES SELLADAS

"El primer poder que nos encuentra en el umbral del dominio del alma, es el poder de la Imaginación".
(Dr. Franz Hartmann)

La primera vez que fui consciente del poder, la naturaleza y la función redentora de la imaginación fue a través de las enseñanzas de mi amigo Abdullah. Posteriormente, a través de algunas experiencias, aprendí que Jesús era un símbolo de la llegada de la imaginación al individuo, que la prueba de su nacimiento en el ser humano era la capacidad del individuo para perdonar el pecado; es decir, su capacidad para identificarse a sí mismo o a otro con su objetivo en la vida.

Sin la identificación del individuo con su objetivo, el perdón del pecado es imposible, y solamente el Hijo de Dios puede perdonar el pecado. Por tanto, la capacidad que tiene la persona de identificarse con su objetivo, aunque la razón y sus sentidos lo nieguen, es una prueba del nacimiento de Cristo en ella. Rendirse pasivamente a las apariencias e inclinarse ante la evidencia de los hechos es confesar que Cristo aún no ha nacido en ti.

Esta enseñanza me chocó y disgustó al principio — pues yo era un cristiano comprometido y ferviente, y en ese momento no sabía que el cristianismo no puede ser heredado por el simple accidente del nacimiento, sino que debe ser adoptado conscientemente como una forma de vida. Sin embargo, más tarde, a través de visiones, revelaciones místicas y experiencias prácticas, se introdujo en mi entendimiento y encontró su interpretación en un estado de ánimo más profundo. Pero debo confesar que es un momento difícil cuando se sacuden aquellas cosas que uno siempre ha dado por sentadas.

"¿Ves todos estos grandes edificios? No quedará piedra sobre piedra que no sea derribada".
(Marcos 13: 2)

No quedará ni una piedra de entendimiento literal después de beber el agua del significado psicológico. Todo lo que ha sido construido por la religión natural es arrojado a las llamas del fuego mental. No obstante, ¿qué mejor manera hay de entender a Jesucristo que identificar al personaje central de los Evangelios con la imaginación humana, sabiendo que cada vez que uno ejerce su imaginación con amor a favor de otro está literalmente mediando entre Dios y la persona y, por tanto, alimentando y vistiendo a Jesucristo, y que cada vez que imagina el mal contra otro está literalmente golpeando y crucificando a Jesucristo? Cada imaginación humana es el vaso de agua fría o la esponja de vinagre para los labios secos de Cristo.

El profeta Zacarías advirtió: "Ninguno de ustedes piense mal en su corazón contra su prójimo". Cuando las personas atiendan a este consejo, despertarán del sueño impuesto en Adán a la plena conciencia del Hijo de Dios. Él está en el mundo, y el mundo está hecho por él, y el mundo no lo conoce: La imaginación humana.

Muchas veces me he preguntado: "Si mi imaginación es Jesucristo y todas las cosas son posibles para Jesucristo, ¿todas las cosas son posibles para mí?".

Mediante la experiencia aprendí que cuando me identifico con mi objetivo en la vida, entonces Cristo está despierto en mí. Cristo es suficiente para todas las cosas.

"Yo doy mi vida para tomarla de nuevo. Nadie me la quita, sino que yo la doy de mi propia voluntad". (Juan 10: 17-18)

¡Qué alivio es saber que todo lo que experimento es el resultado de mi propio sistema de creencias; que soy el centro de mi propia red de circunstancias y que, a medida que cambio, también lo hace mi mundo exterior!

El mundo presenta diferentes apariencias según difieren nuestros estados de conciencia. Lo que vemos cuando estamos identificados con un estado no puede verse cuando ya no estamos fusionados con él. Por estado se entiende todo lo que la persona cree y consiente como verdadero. Ninguna idea presentada a la mente puede hacerse realidad a menos que la mente la acepte. Depende de la aceptación, del estado con el que nos identificamos, cómo se presentan las cosas. En la fusión de la imaginación y los estados se encuentra la formación del mundo como aparece. El mundo es una revelación de los estados con los que se fusiona la imaginación. Es el estado desde el que pensamos, el que determina el mundo objetivo en el que vivimos. El rico, el pobre, el bueno y el ladrón son lo que son en virtud de los estados desde los que ven el mundo. En la distinción entre estos estados depende la distinción entre los mundos de estas personas. Este mismo mundo es muy diferente a nivel individual. No son las acciones y el comportamiento de las personas de bien las que hay que igualar, sino su punto de vista. Las reformas externas son inútiles si no se cambia el estado interno. El éxito no se obtiene imitando las acciones externas de los exitosos, sino con acciones internas y conversaciones internas correctas.

Si nos separamos de un estado, y podemos hacerlo en cualquier momento, las condiciones y circunstancias a las que dio lugar esa unión se desvanecen.

Fue en el otoño de 1933, en la ciudad de Nueva York, cuando me acerqué a Abdullah con un problema. Me hizo una simple pregunta: "¿Qué quieres?". Le dije que me gustaría pasar el invierno en Barbados, pero que no tenía dinero. Literalmente, no tenía ni un céntimo.

Él dijo: "Si te imaginas que estás en Barbados, pensando y viendo el mundo *desde* ese estado de conciencia, en lugar de pensar *en* Barbados, pasarás el inverno allí. No es necesario que te preocupes por los medios para llegar allí, pues el estado de conciencia de estar ya en Barbados, si lo ocupa tu imaginación, ideará los medios más adecuados para la realización".

Las personas viven comprometiéndose con estados invisibles, fusionando su imaginación con aquello que conocen como algo distinto a ellas mismas, y en esta unión experimentan los resultados de esa fusión. Nadie puede perder lo que tiene sino desprendiéndose del estado en que las cosas experimentadas tienen su vida natural.

Abdullah me dijo: "Debes imaginarte en el estado de tu deseo realizado, y quedarte dormido observando el mundo desde Barbados".

El mundo que describimos a partir de la observación debe ser como lo describimos en relación con nosotros mismos. Nuestra imaginación nos conecta con el estado deseado. Pero debemos utilizar la imaginación con maestría, no como un espectador pensando *en* el final, sino como un participante pensando *desde* el final. Debemos realmente estar allí en la imaginación. Si lo hacemos, nuestra experiencia subjetiva se materializará objetivamente.

"Esto no es una simple fantasía" —señaló— "sino una verdad que puede ser verificada por la experiencia".

Su llamado a entrar en el deseo cumplido era el secreto de pensar *desde* el final. Todo estado está ya ahí como "mera posibilidad" mientras se piensa en él, pero es poderosamente real cuando se piensa desde él. Pensar desde el final es el camino de Cristo.

Enseguida empecé a fijar mis pensamientos más allá de los límites del sentido, más allá de ese aspecto al que daba lugar mi estado actual, hacia el sentimiento de estar ya en Barbados y ver el mundo *desde* ese punto de vista. Él enfatizó la importancia del estado desde el cual la persona ve el mundo cuando se duerme. Todos los profetas afirman que la voz de Dios es escuchada principalmente por el individuo en los sueños.

"En un sueño, en una visión nocturna, cuando un sueño profundo cae sobre los hombres, mientras dormitan en sus lechos, entonces él abre el oído de los hombres, y sella su instrucción" (Job 33: 15-16)

Aquella noche, y varias noches después, me dormí pensando que estaba en casa de mi padre en Barbados. Al cabo de un mes recibí una carta de mi hermano diciéndome que tenía un gran deseo de tener a la familia reunida en Navidad y pidiéndome que utilizara el boleto de barco que adjuntaba para ir a Barbados. Me embarqué dos días después de recibir la carta de mi hermano y pasé un maravilloso invierno en Barbados.

Esta experiencia me convenció de que las personas pueden ser lo que quieran, si hacen de la idea algo habitual y piensan desde el final. También me ha mostrado que ya no puedo justificarme culpando al mundo de las cosas externas: que mi bien y mi mal dependen solo de mí mismo, porque la forma en que se presentan las cosas depende del estado desde el que veo el mundo.

El ser humano, que es libre en su elección, actúa a partir de las concepciones que elige libremente, aunque no siempre sabiamente. Todos los estados concebibles están esperando que los elijamos y los ocupemos, pero ningún racionamiento nos dará por sí mismo el estado de conciencia, que es lo único que vale la pena tener.

La imagen imaginativa es lo único que hay que buscar. El objetivo último de la imaginación es crear en nosotros "el espíritu de Jesús", que es la continua renuncia al pecado, la continua identificación del individuo con su ideal. Solo identificándonos con nuestra meta podemos perdonarnos por no haberla alcanzado. Todo lo demás es trabajo en vano. Por este camino, a cualquier lugar o estado que llevemos nuestra imaginación, a ese lugar o estado también gravitaremos físicamente.

"En la casa de mi Padre hay muchas moradas; si no fuera así, se lo hubiera dicho; porque voy a preparar un lugar para ustedes. Y si me voy y les preparo un lugar, vendré otra vez y los tomaré adonde Yo voy; para que donde Yo esté, allí estén ustedes también". (Juan 14: 2-3).

Al dormir en la casa de mi padre, en mi imaginación, como si durmiera allí en la carne, fusioné mi imaginación con ese estado y me vi obligado a experimentar ese estado también en la carne.

Este estado era tan vívido para mí, que podría haber sido visto en la casa de mi padre si alguien sensitivo hubiera entrado en la habitación en la que estaba durmiendo en la imaginación. Una persona puede ser vista donde está en la imaginación, porque la persona debe estar donde está su imaginación, ya que su imaginación es ella misma. Esto lo sé por experiencia, pues he sido visto por algunos que deseaba que me vieran, cuando físicamente estaba a cientos de kilómetros de distancia.

Por la intensidad de mi imaginación y sentimiento, imaginando y sintiendo que estaba en Barbados y no simplemente pensando en Barbados, había cruzado el vasto Atlántico y había influido para que mi hermano deseara mi presencia para completar el círculo familiar en Navidad. Pensar desde el final, desde el sentimiento de mi deseo cumplido, fue lo que originó todo lo que sucedió como causa externa, como el impulso de mi hermano de enviarme un boleto de barco, asimismo, fue la causa de todo lo que apareció como resultado.

En el libro "Ideas sobre el bien y el mal", W.B. Yeats, tras describir algunas experiencias similares a las mías, escribe:

> Si todos los que han descrito sucesos como este no hubieran soñado, deberíamos reescribir nuestras historias, pues todos los hombres, ciertamente todos los hombres imaginativos, deben estar siempre lanzando encantamientos, encantos, ilusiones; y todos los hombres, especialmente los hombres tranquilos que no tienen una vida egocéntrica poderosa, deben estar pasando continuamente bajo su poder.

La imaginación decidida, pensando desde el final, es el principio de todos los milagros.

Me gustaría darte una inmensa creencia en los milagros, pero un milagro es solo el nombre que dan los que no conocen el poder y la función de la imaginación a las obras de la imaginación. Imaginarse en el sentimiento del deseo cumplido es el medio por el cual se entra en un nuevo estado. Esto le da al estado la cualidad de ser. Hermes nos dice:

> Lo que es, se manifiesta; lo que ha sido o será, no se manifiesta, pero no está muerto; porque el Alma, la actividad eterna de Dios, anima todas las cosas.

El futuro debe convertirse en el presente, en la imaginación de quien crea sabia y conscientemente las circunstancias. Debemos traducir la visión en Ser, en lugar de pensar *en,* debemos pensar *desde.* La imaginación debe centrarse en algún estado y ver el mundo desde ese estado. Pensar desde el final es una intensa percepción del mundo del deseo cumplido. Pensar desde el estado deseado es la vida creativa. La ignorancia de esta capacidad de pensar desde el final es esclavitud. Es la raíz de todas las ataduras que encuentra el ser humano. Rendirse pasivamente a la evidencia de los sentidos subestima las capacidades del Ser Interior. Cuando la persona acepta el hecho de pensar desde el final como un principio creativo en el que puede cooperar, entonces se redime del absurdo de intentar alcanzar su objetivo simplemente pensando en él.

Construye todos los finales de acuerdo al patrón del deseo cumplido.

Toda la vida no es más que el apaciguamiento del hambre, y los infinitos estados de conciencia desde los que una persona puede ver el mundo son puramente un medio para satisfacer esa hambre. El principio sobre el que se organiza cada estado es alguna forma de hambre para elevar la pasión por la autogratificación a niveles de experiencia cada vez más altos. El deseo es el resorte principal de la maquinaria mental. Es algo bendito. Es un anhelo correcto y natural que tiene un estado de conciencia como su satisfacción correcta y natural.

"Pero una cosa hago: olvidando lo que queda atrás y extendiéndome a lo que está adelante, prosigo hacia la meta" (Filipenses 3: 13-14).

Es necesario tener un objetivo en la vida. Sin un objetivo vamos a la deriva. "¿Qué quieres de mí?", es la pregunta que más impone el personaje central de los Evangelios. Al definir tu objetivo, debes desearlo.

"Como el ciervo anhela las corrientes de agua, así suspira por ti, oh Dios, el alma mía" (Salmos 42: 1)

La falta de esta dirección apasionada hacia la vida es lo que hace que las personas fracasen en su realización.

Es muy importante establecer el puente entre el deseo —pensar en— y la realización —pensar desde. Debemos pasar mentalmente de pensar en el final, a pensar desde el final. Esto es algo que la razón nunca podría hacer. Por su naturaleza, está restringida a la evidencia de los sentidos; pero la imaginación, al no tener tal limitación, puede hacerlo. El deseo existe para ser gratificado en la actividad de la imaginación. A través de la imaginación, el individuo escapa de la limitación de los sentidos y de la esclavitud de la razón.

No hay nada que detenga a quien puede pensar desde el final. Nada puede detenerlo. Él crea los medios y se abre camino fuera de la limitación hacia mansiones más y más grandes del Señor. No importa lo que él haya sido o lo que es. Lo único que importa es "¿qué quiere?". Él sabe que el mundo es una manifestación de la actividad mental que se desarrolla en su interior, por lo que se esfuerza en determinar y controlar los finales desde los cuales piensa. En su imaginación, habita en el final, confiando en que también habitará allí en la carne. Pone toda su confianza en el sentimiento del deseo cumplido y vive comprometido con ese estado, porque el arte de la fortuna lo tienta a hacerlo. Como el hombre del estanque de Betesda, está preparado para el movimiento de las aguas de la imaginación. Sabiendo que todo deseo es grano maduro para el que sabe pensar desde el final, es indiferente a la simple probabilidad razonable y confía en que, a través de la continua imaginación, sus asunciones se materializarán en hechos.

Pero cómo convencer a las personas de todo el mundo de que pensar desde el final es el único modo de vivir, cómo fomentarlo en todas las actividades humanas, cómo revelarlo como la plenitud de la vida y no como la compensación de los decepcionados: ese es el problema.

La vida es algo controlable. Puedes experimentar lo que quieras una vez que te des cuenta de que tú eres su Hijo, y que eres lo que eres en virtud del estado de conciencia desde el cual piensas y ves el mundo.

"Hijo mío, tú siempre has estado conmigo, y todo lo mío es tuyo" (Lucas 15: 31).

CAPÍTULO 3

AUTOPISTAS DEL MUNDO INTERNO

"Los hijos luchaban dentro de ella...
Y el Señor le dijo: Dos naciones hay en tu seno,
y dos pueblos se dividirán desde tus entrañas;
un pueblo será más fuerte que el otro
y el mayor servirá al menor"
(Génesis 25: 22-23)

La dualidad es una condición inherente a la vida. Todo lo que existe es dual. El ser humano es una criatura dual con principios contradictorios integrados en su naturaleza. Estos se enfrentan en su interior y presentan actitudes antagónicas ante la vida. Este conflicto constituye la eterna tarea, la guerra en el cielo, la interminable lucha entre el más joven, o el ser interior de la imaginación, para afirmar su supremacía sobre el más viejo, o el ser exterior de los sentidos.

"Así, los últimos serán primeros, y los primeros, últimos" (Mateo 19: 30)
"Este es el que ha de venir tras mí, el cual es antes de mí" (Juan 1: 27)

"El segundo hombre es del cielo".
(1 Corintios 15: 47)

El individuo comienza a despertar a la vida imaginativa en el momento en que siente la presencia de otro ser dentro de él.

> Dos naciones hay en tu seno, razas rivales desde nacimiento; una ganará el dominio y la menor reinará sobre la mayor.

Hay dos centros distintos de pensamiento o perspectivas sobre el mundo que posee cada persona. La Biblia habla de estas dos perspectivas como natural y espiritual.

> "El hombre natural no acepta las cosas del Espíritu de Dios, porque para él son necedad; y no las puede entender, porque se disciernen espiritualmente".
> (1 Corintios 2: 14)

El cuerpo interior del ser humano es tan real en el mundo de la experiencia subjetiva, como su cuerpo físico exterior es real en el mundo de realidades externas, pero el cuerpo interior expresa una parte más fundamental de la realidad. Este cuerpo interior existente debe ser ejercitado y dirigido conscientemente. El mundo interior del pensamiento y del sentimiento con el que el cuerpo interior está en consonancia tiene su estructura real y existe en su propio espacio superior.

Hay dos tipos de movimiento, uno que está de acuerdo con el cuerpo interior y otro que está de acuerdo con el cuerpo exterior. El movimiento que está de acuerdo con el cuerpo interior es causal, mientras que el movimiento exterior está bajo coacción. El movimiento interior determina el exterior, que está unido a él, llevando al exterior un movimiento que es similar a las acciones del cuerpo interior. El movimiento interior es la fuerza por la que se producen todos los acontecimientos. El movimiento exterior está sujeto a la coacción que le aplica el movimiento del cuerpo interior.

Cuando las acciones del cuerpo interior coinciden con las acciones que el cuerpo exterior debe realizar para satisfacer el deseo, ese deseo se realizará.

Construye mentalmente un drama que implique que tu deseo ya se ha realizado, y haz que implique un movimiento del yo. Inmoviliza tu ser físico externo. Actúa precisamente como si fueras a tomar una siesta, y comienza la acción predeterminada en la imaginación. Una representación vívida de la acción es el comienzo de esa acción. Luego, mientras te duermes, imagínate conscientemente en la escena. La duración del sueño no es importante, una siesta corta es suficiente, pero llevar la acción al sueño hace que la fantasía se convierta en realidad.

Al principio tus pensamientos pueden ser como ovejas descarriadas que no tienen pastor. No te desesperes. Si tu atención se desvía setenta veces siete, devuélvela setenta veces siete a su curso predeterminado hasta que, por cansancio, siga el camino señalado. El viaje interno nunca debe estar sin dirección. Cuando emprendes el camino interno, es para hacer lo que hiciste mentalmente antes de empezar. Vas por el premio que ya has visto y aceptado.

En "La Ruta a Xanadu", el profesor John Livingston Lowes dice:

> Pero desde hace tiempo había tenido la sensación, la cual este estudio ha convertido en una convicción, de que la fantasía y la imaginación no son dos poderes en absoluto, sino uno solo. La distinción válida que existe entre ellas radica, no en los materiales con los que operan, sino en el grado de intensidad del propio poder operante. Trabajando a alta tensión, la energía imaginativa asimila y transmuta; a baja intensidad, la misma energía agrega y une las imágenes que, en su tono más alto, se funden indisolublemente en una.

La fantasía ensambla, la imaginación fusiona.

A continuación, se presenta una aplicación práctica de esta teoría. Hace un año, una chica ciega que vivía en la ciudad de San Francisco se encontró con un problema de transporte. Un cambio en la ruta de los autobuses la obligaba a hacer tres transbordos entre su casa y su oficina. Esto alargaba su viaje de quince minutos a dos horas y quince minutos. Pensó seriamente en este problema y llegó a la conclusión de que la solución era un automóvil. Sabía que no podía conducir un vehículo, pero sentía que podía ser conducida en uno. Poniendo a prueba la teoría de que, "siempre que las acciones del yo interior se correspondan con las acciones que el yo físico exterior debe realizar para satisfacer el deseo, ese deseo se hará realidad", se dijo a sí misma: "Me sentaré aquí e imaginaré que me llevan a mi oficina".

Sentada en su sala de estar, empezó a imaginarse sentada en un automóvil. Sintió el ritmo del motor. Imaginó que olía el olor de la gasolina, sintió el movimiento del vehículo, tocó la manga del conductor y sintió que este era un hombre. Sintió que el auto se detenía y, dirigiéndose a su acompañante, dijo: "Muchas gracias, señor". A lo que él respondió: "El placer es todo mío". Luego bajó del auto y escuchó el golpe de la puerta al cerrarla.

Ella me dijo que centró su imaginación en estar en un automóvil y que, aunque era ciega, veía la ciudad desde su paseo imaginario. No pensaba en el viaje. Pensaba desde el viaje y todo lo que este implicaba. Este viaje controlado y dirigido subjetivamente al propósito elevó su imaginación a su máxima potencia. Ella mantuvo su propósito siempre delante de ella, sabiendo que había cohesión en el movimiento interior intencional. En estos viajes mentales hay que mantener una continuidad emocional: la emoción del deseo cumplido. La expectativa y el deseo se unieron tan intensamente que pasaron de inmediato de un estado mental a un acto físico.

El yo interior se mueve a lo largo del curso predeterminado mejor cuando colaboran las emociones. El ser interior debe ser encendido, y se enciende mejor con el pensamiento de grandes obras y ganancias personales. Debemos sentir placer en nuestras acciones.

Durante dos días consecutivos, la joven ciega realizó su paseo imaginario, dándole toda la alegría y la vivacidad sensorial de la realidad. Unas horas después de su segundo paseo imaginario, una amiga le habló de una historia publicada en el periódico de la tarde. Era la historia de un hombre que se interesaba por los ciegos. La joven ciega lo llamó por teléfono y le expuso su problema. Al día siguiente, de camino a casa, él se detuvo en un bar y, mientras estaba allí, tuvo el impulso de contar la historia de la chica ciega a su amigo, el propietario. Un total desconocido, al oír la historia, se ofreció a llevar a la chica ciega a casa todos los días. Entonces, el hombre que había contado la historia, le dijo: "Si la llevas a casa, yo la llevaré al trabajo".

Esto ocurrió hace más de un año y, desde ese día, esta joven ciega ha sido conducida hacia y desde su oficina por estos dos caballeros. Ahora, en lugar de pasar dos horas y quince minutos en tres autobuses, está en su oficina en menos de quince minutos. Y en ese primer trayecto a su oficina se dirigió a su buen samaritano y le dijo: "Muchas gracias, señor"; y él respondió: "El placer es todo mío".

Así, los objetos de su imaginación eran para ella las realidades de las que la manifestación física era solo el testigo. El principio animador determinante fue el viaje imaginario. Su triunfo solo podía sorprender a quienes no sabían de su viaje interno. Ella veía mentalmente el mundo desde este viaje imaginativo con tal claridad de visión que cada aspecto de la ciudad adquiría identidad. Estos movimientos internos no solamente producen los correspondientes movimientos externos: son la ley que opera por debajo de todas las apariencias físicas. La persona que practique estos ejercicios de bilocación desarrollará inusuales poderes de concentración y quietud, e inevitablemente alcanzará la conciencia despierta en el mundo interno y dimensionalmente más grande. Realizando con fuerza, ella cumplió su deseo, ya que, viendo la ciudad desde el sentimiento de su deseo cumplido, igualó el estado deseado y se concedió a sí misma lo que las personas dormidas piden a Dios.

Para cumplir tu deseo, es necesario que se inicie una acción en tu imaginación, independiente de la evidencia de los sentidos, que implique el movimiento del yo y que suponga la realización de tu deseo. Siempre que la acción sea la que efectúa el ser externo para satisfacer el deseo, ese deseo se realizará.

El movimiento de cada objeto visible no es causado por cosas externas al cuerpo, sino por cosas internas que operan de adentro hacia afuera. El viaje se efectúa dentro de ti mismo. Viajas por las autopistas del mundo interior. Sin movimiento interior es imposible producir algo. La acción interna es una sensación introvertida. Si construyes mentalmente un drama que implica que has realizado tu objetivo, luego cierras los ojos y sueltas tus pensamientos hacia el interior, centrando tu imaginación todo el tiempo en la acción predeterminada y participando en esa acción, te convertirás en un ser autodeterminado.

La acción interna ordena todas las cosas de acuerdo con su propia naturaleza. Inténtalo y comprueba que es posible alcanzar un ideal deseable una vez formulado, pues solo mediante este proceso de experimentación puedes realizar tus potencialidades. Es así como se efectúa este principio creativo. Por lo tanto, la clave para una vida con propósito es centrar tu imaginación en la acción y el sentimiento del deseo cumplido con tal conciencia, tal sensibilidad, que inicies y experimentes el movimiento en el mundo interior.

Las ideas solo actúan si se sienten, si despiertan el movimiento interior. El movimiento interior está condicionado por la automotivación, el movimiento exterior por la coacción.

"Todo lugar que pise la planta de su pie les he dado a ustedes" (Josué 1: 3).

"El Señor tu Dios está en medio de ti, él es poderoso" (Sofonías 3:17).

CAPÍTULO 4

LAS TIJERAS DE PODAR DE LA REVISIÓN

"El segundo hombre es del cielo".
(1 Corintios 15: 47)

"Él nunca dirá orugas. Él dirá: «Hay muchas mariposas por nacer en nuestros cultivos, Prue». Él no dirá: «Es invierno». Él dirá: «El verano está durmiendo». Y no hay capullo demasiado pequeño, ni demasiado descolorido como para que Kester no lo llame el comienzo del florecimiento".
(Mary Webb, Precious Bane)

El primer acto de corrección o cura es siempre "revisar". Hay que empezar por uno mismo. Es la propia actitud la que hay que cambiar.

"Lo que somos, solo eso podemos ver"
(Emerson)

Es un ejercicio muy saludable y productivo revivir diariamente el día como te gustaría haberlo vivido, revisando las escenas para que se ajusten a tus ideales. Por ejemplo, supongamos que el correo de hoy nos ha traído una noticia decepcionante. Revisa la carta. Reescríbela mentalmente y haz que se ajuste a las noticias que desearías haber recibido. Luego, en la imaginación, lee la carta revisada una y otra vez. Esta es la esencia de la revisión, y la revisión tiene como resultado la revocación.

El único requisito es estimular tu atención de una manera y con una intensidad tal que quedes totalmente absorto en la acción revisada. Mediante este ejercicio imaginativo experimentarás una expansión y un refinamiento de los sentidos, y eventualmente alcanzarás la visión. Pero recuerda siempre que el fin último de este ejercicio es crear en ti "el Espíritu de Jesús", que es continuo perdón de los pecados.

La revisión es de gran importancia cuando el propósito es cambiarse a sí mismo, cuando hay un deseo sincero de ser algo diferente, cuando el anhelo es despertar el espíritu activo ideal del perdón. Sin imaginación, el individuo permanece siendo un ser de pecado. Entonces, podemos avanzar hacia la imaginación o permanecer presos en nuestros sentidos. Avanzar hacia la imaginación es perdonar. El perdón es la vida de la imaginación. El arte de vivir es el arte de perdonar. De hecho, el perdón es experimentar en la imaginación la versión revisada del día, experimentar en la imaginación lo que desearías haber experimentado en la carne. Cada vez que uno realmente perdona, es decir, cada vez que uno revive el acontecimiento como debería haber sido vivido, uno nace de nuevo.

"Padre, perdónalos" no es la súplica que llega una vez al año, sino la oportunidad que se presenta cada día. La idea del perdón es una posibilidad diaria y, si se hace sinceramente, elevará al individuo a niveles cada vez más altos del ser. Experimentará una Pascua diaria. La Pascua es la idea de levantarse transformado, y eso debe ser casi un proceso continuo.

La libertad y el perdón están indisolublemente unidos. No perdonar es estar en guerra con nosotros mismos, pues somos liberados según nuestra capacidad de perdonar.

"Perdonen y serán perdonados" (Lucas 6: 37)

Perdona, no simplemente desde un sentido de deber o servicio; perdona porque quieres.

"Sus caminos son caminos agradables y todas sus sendas son paz" (Proverbios 3: 17)

Debes deleitarte con la revisión. Solo puedes perdonar a los demás de forma efectiva cuando tienes un sincero deseo de identificarlos con su ideal. El deber no tiene impulso. El perdón es una cuestión de retirar deliberadamente la atención del día no revisado y entregarla con toda la fuerza, y con alegría, al día revisado. Si una persona comienza a revisar, aunque sea un poco, las contrariedades y los problemas del día, entonces comienza a trabajar prácticamente sobre sí misma. Cada revisión es una victoria sobre sí misma y, por lo tanto, una victoria sobre su enemigo.

"Los enemigos del hombre serán los de su misma casa" (Mateo 10: 36)

Y su casa es su estado mental. Él cambia su futuro cuando revisa su día.

Cuando una persona practica el arte del perdón, de la revisión, por muy real que sea la escena sobre la que descansa su vista, la revisa con su imaginación y contempla una escena nunca antes presenciada. La magnitud del cambio que implica cualquier acto de revisión hace que dicho cambio parezca totalmente improbable para el realista —la persona no imaginativa; pero los cambios radicales en las fortunas del Pródigo fueron todos producidos por un "cambio de corazón".

La batalla que lucha la persona se desarrolla en su propia imaginación. Aquel que no revisa el día ha perdido la visión de esa vida, a cuya semejanza es la verdadera labor del "Espíritu de Jesús" transformar esta vida.

"Todo cuanto quieran que los hombres les hagan, así también hagan ustedes con ellos, porque esta es la ley" (Mateo 7: 12)

Veamos la forma en que una amiga artista se perdonó a sí misma y se liberó del dolor, la molestia y la incomodidad. Reconociendo que solo el olvido y el perdón nos llevarán a nuevos valores, ella se entregó a su imaginación y escapó de la prisión de sus sentidos. Ella escribe:

"El jueves enseñé todo el día en la escuela de arte. Solo una pequeña cosa perturbó el día. Al entrar en mi sala de clase de la tarde descubrí que el conserje había dejado todas las sillas encima de los pupitres después de limpiar el piso. Al levantar una silla, se me cayó de las manos y me dio un fuerte golpe en el empeine del pie derecho. Inmediatamente, examiné mis pensamientos y descubrí que había criticado al hombre por no hacer bien su trabajo. Dado que había perdido a su ayudante, comprendí que probablemente él consideraba que había hecho más que suficiente, y esto fue un regalo no deseado que había rebotado y me había golpeado en el pie. Al mirar mi pie, vi que tanto la piel como las medias estaban intactas, así que olvidé el asunto.

"Esa noche, después de haber trabajado intensamente durante unas tres horas en un dibujo, decidí prepararme una taza de café. Para mi total asombro, no podía mover el pie derecho en absoluto y estaba dando grandes golpes de dolor. Fui saltando hasta una silla y me quité la pantufla para mirarlo. Todo el pie era de un extraño color rosa púrpura, hinchado y caliente. Intenté caminar sobre él y me di cuenta de que únicamente temblaba. No tenía ningún control sobre él. Parecía una de estas dos cosas: o bien me había roto un hueso al dejar caer la silla sobre él, o bien se había dislocado algo.

"No sirve de nada especular qué es. Mejor solucionarlo lo antes posible. Así que me quedé en silencio, preparada para fundirme en la luz. Para mi completo desconcierto, mi imaginación se negó a cooperar. Simplemente dijo: «No». Este tipo de cosas me ocurren a menudo cuando estoy pintando. Empecé a argumentar: «¿Por qué no?» Y seguía diciendo: «No». Finalmente, me rendí y dije: «Sabes que me duele. Me estoy esforzando por no asustarme, pero tú eres quien manda. ¿Qué quieres hacer?» La respuesta: «Ir a la cama y revisar los acontecimientos del día». Así que le dije: «De acuerdo. Pero déjame decirte que si mi pie no está perfecto mañana por la mañana, solo podrás culparte a ti misma».

"Después de arreglar la ropa de cama para que no me tocara el pie, empecé a revisar el día. Fue un proceso lento, ya que me costaba mantener la atención alejada de mi pie. Repasé todo el día y no vi nada que añadir al incidente de la silla. Pero cuando llegué a las primeras horas de la tarde me encontré cara a cara con un hombre que desde hace un año se ha propuesto no hablarme. La primera vez que esto ocurrió pensé que se había quedado sordo. Le conocía desde los tiempos del colegio, sin embargo, nunca habíamos hecho más que saludarnos y hacer comentarios sobre el clima. Algunos amigos en común me aseguraron que yo no había hecho nada, que él había dicho que nunca le había caído bien y que finalmente había decidido que no valía la pena hablarme. Yo le había dicho "¡hola!", y él no había contestado. Descubrí que yo había pensado: 'Pobre hombre, qué estado tan horrible en el que está'. Voy a hacer algo para remediar esta ridícula situación. Entonces, en mi imaginación, me detuve ahí mismo y rehice la escena. Le dije: "¡hola!" —él respondió: "¡hola!", y sonrió. Ahora pensé: "El buen Ed". Repetí la escena un par de veces, continué con el siguiente incidente y terminé el día.

"'Ahora qué, ¿hacemos mi pie o el concierto?' Había estado preparando y envolviendo un hermoso regalo de valor y éxito para una amiga que iba a debutar al día siguiente y estaba ilusionada con dárselo esta noche.

Mi imaginación sonaba algo solemne mientras decía: 'Vamos al concierto. Será más divertido'. Pero antes, ¿no podríamos sacar mi pie perfecto de la imaginación a este físico antes de empezar? —le supliqué. 'Por supuesto'.

"Hecho esto, me divertí mucho en el concierto y mi amiga recibió una tremenda ovación.

"En ese momento tenía mucho sueño y me quedé dormida haciendo mi proyecto. A la mañana siguiente, mientras me ponía la pantufla, de pronto me vino a la memoria la imagen de haber sacado un pie descolorido e hinchado de la misma pantufla. Saqué el pie y lo miré. Estaba perfectamente normal en todo aspecto. Había una pequeña mancha rosada en el empeine donde recordaba que me había golpeado con la silla. ¡Qué sueño tan vívido! —pensé— y me vestí. Mientras esperaba mi café, me acerqué hacia mi mesa de dibujo y vi que todos mis pinceles estaban desordenados y sin lavar. '¿Qué te ha hecho dejar los pinceles así?' '¿No te acuerdas? Fue por tu pie". Entonces no había sido un sueño después de todo, sino una hermosa curación".

Con el arte de la revisión ella había ganado lo que nunca habría ganado por la fuerza.

"En el cielo el único arte de vivir es olvidar y perdonar especialmente a la mujer". (Blake)

Debemos tomar nuestra vida, no como aparenta ser, sino desde la visión de este artista, desde la visión del mundo perfeccionando, que está enterrado bajo todas las mentes —enterrado y esperando que revisemos el día.

"Nos llevan a creer una mentira cuando miramos con los ojos y no a través de ellos" (Blake)

Una revisión del día y aquello que consideraba tan obstinadamente real ya no lo era para ella y, como un sueño, se había desvanecido silenciosamente.

Puedes revisar el día de forma que te complazca y, al experimentar en la imaginación las palabras y acciones revisadas, no solo modificas la tendencia de la historia de tu vida, sino que conviertes todas sus discordias en armonías. El que descubre el secreto de la revisión no puede hacer otra cosa que dejarse guiar por el amor. Los resultados aumentarán con la práctica. La revisión es el camino por el cual lo correcto puede encontrar su correspondiente poder. "No resistan al mal", ya que todos los conflictos pasionales dan como resultado un intercambio de características.

"El que sabe hacer el bien y no lo hace, comete pecado" (Santiago 4: 17)

Para conocer la verdad debes vivir la verdad, y para vivir la verdad, tus acciones internas deben coincidir con las acciones de tu deseo cumplido. La expectativa y el deseo deben convertirse en uno. Tu mundo externo es solo un movimiento interno actualizado. Por la ignorancia de la ley de revisión, los que emprenden la guerra son perpetuamente derrotados.

Solo los conceptos que idealizan describen la verdad.

Tu ideal del ser humano es su ser más verdadero. Porque creo firmemente que todo lo que es más profundamente imaginativo es, en realidad, más directamente práctico, te pido que vivas imaginativamente y que pienses y te apropies personalmente del trascendental dicho "Cristo en ti, la esperanza de gloria".

No culpes; solo resuelve. No es lo más hermoso de la humanidad y de la tierra lo que hace el paraíso, sino tú practicando el arte de la revisión. La prueba de esta verdad solamente puede estar en tu propia experiencia. Intenta revisar el día. Nuestro mejor fruto se lo debemos a las tijeras de podar de la revisión.

CAPÍTULO 5

LA MONEDA DEL CIELO

"¿Una firme persuasión de que una cosa es así, la hace así?" Y el profeta respondió: "Todos los poetas creen que sí. En épocas de imaginación esta firme persuasión removía montañas: pero muchos no son capaces de una firme persuasión de nada".
(Blake, Matrimonio del Cielo y el Infierno)

"Cada uno debe estar convencido de lo que cree"
(Romanos 14: 5)

La persuasión es un esfuerzo interno de intensa atención. Escuchar atentamente como si hubieras oído es evocar, activar. Al escuchar, puedes oír lo que quieres oír y persuadir a los que están más allá del alcance del oído externo. Háblalo interiormente solo en tu imaginación. Haz que tu conversación interior coincida con tu deseo cumplido. Lo que deseas oír afuera, debes oírlo adentro. Toma lo externo en lo interno, conviértete en alguien que solo escucha aquello que implica el cumplimiento de su deseo y todos los acontecimientos externos del mundo se convertirán en un puente que conduce a la realización objetiva de tu deseo.

Tu conversación interna se escribe perpetuamente a tu alrededor en los acontecimientos. Aprende a relacionar estos acontecimientos con tu conversación interna y te volverás autodidacta. Por conversación interna me refiero a las conversaciones mentales que mantenemos con nosotros mismos. Pueden ser inaudibles cuando estás despierto debido al ruido y a las distracciones del mundo exterior del devenir, pero son bastante audibles en la meditación profunda y en el sueño. Sin embargo, ya sean audibles o inaudibles, tú eres su autor y formas tu mundo a su semejanza.

> "Hay un Dios en el cielo (y el cielo está dentro de ti) que revela los misterios, y él ha dado a conocer al rey Nabucodonosor lo que sucederá al fin de los días. Tu sueño y las visiones que has tenido en tu cama eran estos" (Daniel 2: 28)

Las conversaciones internas, desde las premisas del deseo cumplido, son el camino para crear un mundo inteligible para ti. Observa tu conversación interna porque es la causa de la acción futura. La conversación interna revela el estado de conciencia desde el cual ves el mundo. Haz que tu conversación interna coincida con tu deseo cumplido, porque tu conversación interna se manifiesta a tu alrededor en los acontecimientos.

"Si alguien no falla en lo que dice, es un hombre perfecto, capaz también de refrenar todo el cuerpo. Ahora bien, si ponemos el freno en la boca de los caballos para que nos obedezcan, dirigimos también todo su cuerpo. Miren también las naves; aunque son tan grandes e impulsadas por fuertes vientos, sin embargo, son dirigidas mediante un timón muy pequeño por donde la voluntad del piloto quiere. Así también la lengua es un miembro pequeño, sin embargo, se jacta de grandes cosas. ¡Pues qué gran bosque se incendia con tan pequeño fuego!" (Santiago 3: 2-5)

Todo el mundo manifestado nos muestra el uso que hemos hecho de la Palabra —el habla interna. Una observación acrítica de nuestra conversación interna nos revelará las ideas desde las que vemos el mundo. Las conversaciones internas reflejan nuestra imaginación, y nuestra imaginación refleja el estado con el cual está fusionada. Si el estado con el que estamos fusionados es la causa del fenómeno de nuestra vida, entonces estamos liberados de la carga de preguntarnos qué hacer, ya que no tenemos otra alternativa más que identificarnos con nuestro objetivo. Dado que el estado con el que nos identificamos se refleja en nuestra conversación interna, para cambiar el estado con el que estamos fusionados, primero debemos cambiar nuestra conversación interna. Son nuestras conversaciones internas las que hacen los acontecimientos del mañana.

"Que en cuanto a la anterior manera de vivir, ustedes se despojen del viejo hombre, que se corrompe según los deseos engañosos, y que sean renovados en el espíritu de su mente, y se vistan del nuevo hombre, el cual, en la semejanza de Dios, ha sido creado en la justicia y santidad de la verdad" (Efesios 4: 22-24)

"Nuestra mente, al igual que nuestro estómago, se despierta con el cambio de comida" (Quintillan)

Detén toda la antigua y mecánica conversación interior negativa y comienza una nueva conversación interna positiva y constructiva, desde las premisas del deseo cumplido. La conversación interna es el comienzo, la siembra de las semillas de la acción futura. Para determinar la acción, debes iniciar y controlar conscientemente tu conversación interna. Construye una frase que implique el cumplimiento de tu objetivo, como: "tengo un gran ingreso, estable y confiable, consistente con la integridad y el beneficio mutuo"; o "estoy felizmente casado"; "soy querido"; "estoy contribuyendo al bien del mundo", y repite esa frase una y otra vez hasta que te influya interiormente. Nuestra conversación interna representa de diversas maneras el mundo en el que vivimos.

"En el principio ya existía la Palabra" (Juan 1: 1)

"Lo que siembras cosechas. Mira aquellos campos. El sésamo era sésamo, el maíz era maíz.

¡El silencio y la oscuridad lo sabían! Así nace el destino del hombre" (La Luz de Asia)

Los finales son fieles a los orígenes.

"Los que van en busca del amor solo ponen de manifiesto su propio desamor. Y el desamor nunca encuentra el amor, solo los que aman encuentran el amor, y nunca tienen que buscarlo".
(D.H. Lawrence)

Todo el mundo atrae lo que es. El arte de la vida es sostener el sentimiento del deseo cumplido y dejar que las cosas vengan a ti, no ir tras ellas, ni pensar que se escapan.

Observa tu conversación interna y recuerda tu objetivo. ¿Coinciden? ¿Coincide tu conversación interna con lo que dirías audiblemente si hubieras conseguido tu objetivo? La conversación y las acciones internas del individuo atraen las condiciones de su vida. A través de la autoobservación acrítica de tus conversaciones internas descubrirás dónde estás en el mundo interno, y dónde estás en el mundo interno es lo que eres en el mundo externo. Te vistes del nuevo ser cuando los ideales y la conversación interna coinciden. Solamente de esta manera puede nacer el nuevo ser.

La conversación interna madura en la oscuridad. Desde la oscuridad sale a la luz. La conversación interna correcta es la conversación que sería tuya si realizaras tu ideal. En otras palabras, es la conversación del deseo cumplido. "Yo soy eso".

"Hay dos dones que Dios ha concedido únicamente al ser humano, y a ninguna otra criatura mortal. Estos dos son la mente y la palabra; y el don de la mente y la palabra es equivalente al de la inmortalidad. Si alguien utiliza estos dos dones correctamente, no se diferenciará en nada de los inmortales... y cuando deje el cuerpo, la mente y la palabra serán sus guías, y por ellas será llevado a las tropas de los dioses y las almas que han alcanzado la beatitud".
(Hermética, traducción de Walter Scott)

Las circunstancias y condiciones de la vida son conversaciones internas proyectadas afuera, sonido solidificado. El habla interna llama a los acontecimientos a la existencia. En cada evento está el sonido creativo que es su vida y su ser. Todo lo que una persona cree y consiente como verdadero se revela en su habla interna. Es su Palabra, su vida.

Intenta notar lo que estás diciendo en ti en este momento, a qué pensamientos y sentimientos estás dando tu consentimiento. Se tejerán perfectamente en el tapiz de tu vida. Para cambiar tu vida debes cambiar tu habla interna porque, como dijo Hermes, "la vida es la unión de la Palabra y la Mente". Cuando la imaginación haga coincidir tu habla interna con el deseo cumplido, habrá entonces un camino recto en ti mismo desde adentro hacia afuera, y lo externo reflejará instantáneamente lo que hay dentro de ti, así sabrás que la realidad es solo el habla interna materializada.

"Reciban con humildad la palabra implantada, que es poderosa para salvar sus almas"
(Santiago 1: 21)

Cada etapa del progreso de una persona se lleva a cabo mediante el ejercicio consciente de su imaginación, haciendo coincidir su habla interna con su deseo realizado. Debido a que no los hace coincidir perfectamente, los resultados son inciertos, cuando podrían ser perfectamente seguros. La persistente asunción del deseo cumplido es el medio de realizar la intención. A medida que controlamos nuestra conversación interna, haciéndola coincidir con nuestros deseos realizados, podemos dejar de lado todos los demás procesos. Entonces simplemente actuamos con una imaginación e intención claras. Imaginamos el deseo cumplido y mantenemos conversaciones mentales a partir de esa premisa.

A través de la conversación interna controlada, desde las premisas del deseo cumplido, se realizan aparentes milagros. El futuro se convierte en el presente y se revela en nuestra habla interna. Estar sostenido por el habla interna del deseo cumplido es estar anclado con seguridad en la vida. Nuestra vida puede parecer destrozada por los acontecimientos, pero nunca se destrozará mientras mantengamos el habla interna de nuestro deseo cumplido. Toda la felicidad depende del uso activo y voluntario de la imaginación para construir y afirmar internamente que somos lo que queremos ser. Nos ajustamos a nuestros ideales, recordando constantemente nuestro objetivo e identificándonos con él. Nos fundimos con nuestros objetivos ocupando con frecuencia el sentimiento de nuestro deseo cumplido. El secreto del éxito es la frecuencia, la ocupación habitual. Cuanto más a menudo lo hagamos, más natural será. La fantasía ensambla. La continua imaginación fusiona.

Es posible resolver cualquier situación mediante el uso adecuado de la imaginación. Nuestra tarea es conseguir la frase adecuada, la que implica que nuestro deseo ya está realizado, y encender la imaginación con ella. Todo esto está íntimamente relacionado con el misterio de "la pequeña voz silenciosa".

La conversación interna revela las actividades de la imaginación, actividades que son la causa de las circunstancias de la vida. Por lo general, las personas son totalmente inconscientes de su habla interna y, por lo tanto, no se ven a sí mismas como la causa, sino como la víctima de las circunstancias. Para crear conscientemente las circunstancias es necesario dirigir conscientemente el habla interna, haciendo coincidir "la pequeña voz silenciosa" al deseo cumplido.

"Él llama a las cosas que no existen, como si existieran" (Romanos 4: 17)

La conversación interna correcta es esencial. Es la mayor de las artes. Es el camino para salir de la limitación hacia la libertad. La ignorancia de este arte ha hecho del mundo un campo de batalla y una penitenciaría donde solo se espera sangre y sudor, cuando debería ser un lugar de maravilla y asombro. La conversación interna correcta es el primer paso para convertirse en lo que se quiere ser.

"El habla es una imagen de la mente,
y la mente es una imagen de Dios"
(Hermética, traducción de W. Scott)

En la mañana del 12 de abril de 1953, mi esposa fue despertada por el sonido de una gran voz de autoridad que hablaba dentro de ella y decía: "Debes dejar de gastar tus pensamientos, tu tiempo y tu dinero. Todo en la vida debe ser una inversión".

Gastar es desperdiciar, derrochar, gastar sin retorno. Invertir es gastar para un fin del que se espera un beneficio. Esta revelación de mi esposa se refiere a la importancia del momento. Se trata de la transformación del momento. Lo que deseamos no está en el futuro, sino en nosotros mismos en este momento. En cualquier momento de nuestra vida nos enfrentamos a una elección infinita: "lo que somos y lo que queremos ser". Y lo que queremos ser ya existe, pero para manifestarlo debemos hacer coincidir nuestras conversaciones internas y nuestras acciones con ello.

"Si dos de ustedes se ponen de acuerdo aquí en la tierra para pedir algo en oración, mi Padre que está en el cielo se lo dará".
(Mateo 18: 19)

Lo único que cuenta es lo que se hace ahora. El momento presente no retrocede al pasado. Avanza hacia el futuro para confrontarnos, gastado o invertido. El pensamiento es la moneda del cielo. El dinero es su símbolo terrenal. Cada momento debe ser invertido, y nuestra conversación interna revela si estamos gastando o invirtiendo. Interésate por lo que estás "diciendo ahora" internamente más que por lo que has "dicho", eligiendo sabiamente lo que piensas y lo que sientes ahora.

Cada vez que nos sentimos incomprendidos, maltratados, abandonados, desconfiados, temerosos, estamos gastando nuestros pensamientos y perdiendo el tiempo. Cada vez que asumimos el sentimiento de ser lo que queremos ser, estamos invirtiendo. No podemos entregar el momento a una charla interna negativa y esperar mantener el dominio de la vida. Delante de nosotros van los resultados de todo lo que aparentemente queda atrás. El último momento no se ha ido, sino que se acerca.

"Así será mi palabra que sale de mi boca, no volverá a mí vacía sin haber realizado lo que deseo, y logrado el propósito para el cual la envié"
(Isaías 55: 11)

Las circunstancias de la vida son las expresiones silenciadas del habla interna que las hizo —la palabra hecha visible.

Hermes dijo:

"La Palabra es el Hijo, y la Mente es el Padre de la Palabra. No están separados el uno del otro; porque la vida es la unión de la Palabra y la Mente".

"Él nos hizo nacer por la palabra de verdad" (Santiago 1: 18)

Seamos, pues:

"Imitadores de Dios como hijos amados" (Efesios 5: 1)

y usemos nuestra conversación interna sabiamente para moldear el mundo externo en armonía con nuestro ideal.

"El Espíritu del Señor habló por mí, y su palabra estuvo en mi lengua" (2 Samuel 23: 2)

La boca de Dios es la mente humana. Alimenta a Dios solo con lo mejor.

"Todo lo que es de buen nombre… piensen en esas cosas" (Filipenses 4: 8)

El momento presente es siempre precisamente el adecuado para invertir, para hablar internamente la palabra correcta.

"La palabra está muy cerca de ti, en tu boca y en tu corazón, para que la guardes. Mira, yo he puesto hoy delante de ti la vida y el bien, la muerte y el mal… la bendición y la maldición. Escoge, pues, la vida" (Deuteronomio 30: 14, 15, 19).

Eliges la vida, el bien y las bendiciones siendo lo que eliges. Solo los iguales se reconocen entre sí. Haz que tu habla interna bendiga y dé buenos reportes. La ignorancia de la humanidad sobre el futuro es el resultado de su ignorancia sobre su conversación interna. Su habla interna refleja su imaginación, y su imaginación es un gobierno en el que la oposición nunca llega al poder.

Si el lector se pregunta: "¿Qué pasa si el habla interna permanece subjetiva y es incapaz de encontrar un objeto para su amor?". La respuesta es que no permanecerá subjetiva, por la sencilla razón de que el habla interna siempre se exterioriza. Lo que frustra y amarga, y se convierte en la enfermedad que aflige a la humanidad, es la ignorancia del arte de hacer coincidir las palabras internas con el deseo cumplido. El habla interna refleja la imaginación, y la imaginación es Cristo.

Modifica tu habla interna y tu mundo de percepción cambiará. Cuando el habla interna y el deseo están en conflicto, el habla interna invariablemente gana. Puesto que el habla interior se materializa, es fácil ver que si coincide con el deseo, este se realizará objetivamente. Si no fuera así, diría con Blake:

"Antes de matar a un niño en su cuna que alimentar deseos no expresados".

Pero yo sé por experiencia,

"La lengua...inflama la rueda de la creación" (Santiago 3: 6)

CAPÍTULO 6

ESTÁ EN EL INTERIOR

…Ríos, Montañas, Ciudades, Pueblos,
Todos son Humanos, y cuando entras en sus
senos caminas en cielos y tierras, así como en tu
propio seno llevas tu Cielo y tu Tierra y todo lo que
contemplas; aunque parezca que está fuera, está
dentro, en tu imaginación, de la que este mundo de la
mortalidad no es más que una sombra.
(Blake, Jerusalem)

Para Blake, el mundo interno era tan real como la
tierra externa de la vida de vigilia. Consideraba sus
sueños y visiones como las realidades de las formas de la
naturaleza. Blake redujo todo a la base de su propia
conciencia.

"El Reino de Dios está dentro de ustedes"
(Lucas 17: 21)

El ser real, el ser imaginativo, ha investido al mundo exterior con todas sus propiedades. La aparente realidad del mundo externo, que tanto le cuesta disolver, es solo una prueba de la realidad absoluta del mundo interno de su propia imaginación.

"Nadie puede venir a mí si no lo trae el Padre que me envió... El Padre y yo somos uno"
(Juan 6: 44; 10: 30)

El mundo que se describe a partir de la observación es una manifestación de la actividad mental del observador. Cuando el individuo descubre que su mundo es su propia actividad mental hecha visible, que ningún hombre puede venir a él a menos que él lo atraiga, y que no hay nadie a quien cambiar, sino a sí mismo, a su propio yo imaginativo, su primer impulso es remodelar el mundo a la imagen de su ideal. Pero su ideal no se encarna tan fácilmente. En el momento en que deja de ajustarse a la disciplina externa, debe imponerse una disciplina mucho más rigurosa, la autodisciplina de la que depende la realización de su ideal.

La imaginación no es totalmente ilimitada y libre de moverse a su voluntad sin ninguna regla que la limite. De hecho, es lo contrario. La imaginación se mueve según el hábito. La imaginación puede elegir, pero elige de acuerdo con el hábito. Despierto o dormido, la imaginación del individuo está obligada a seguir ciertos patrones definidos. Por eso, es necesario que cambie la influencia del hábito; si no lo hace, sus sueños se desvanecerán bajo la parálisis de la costumbre.

La imaginación, que es Cristo en el ser humano, no está sujeta a la necesidad de producir solo lo que es perfecto y bueno. Ejerce su absoluta libertad de la necesidad, dotando al ser físico externo de libre albedrío para elegir seguir el bien o el mal, el orden o el desorden.

"Escojan hoy a quién han de servir" (Josué 24: 15)

Pero una vez hecha y aceptada la elección, de modo que forme la conciencia habitual del individuo, entonces la imaginación manifiesta su infinito poder y sabiduría, moldeando el mundo sensorial exterior del devenir a imagen del habla y las acciones internas habituales del individuo.

Para realizar su ideal, las personas primero deben cambiar el patrón que ha seguido su imaginación. El pensamiento habitual es indicativo del carácter. La manera de cambiar el mundo externo es que el habla y la acción interna coincidan con el habla y la acción externa del deseo cumplido.

Nuestros ideales están esperando ser encarnados, pero a menos que nosotros mismos hagamos coincidir el habla y la acción interna con el habla y la acción del deseo cumplido, son incapaces de nacer. El habla y la acción interna son los canales de la acción de Dios. Él no puede responder a nuestras plegarias a menos que se ofrezcan estos caminos. El comportamiento externo del individuo es mecánico. Está sujeto a la coacción que le aplica el comportamiento del ser interno, y los antiguos hábitos del ser interno se mantienen hasta que son reemplazados por otros nuevos. Es una propiedad peculiar del segundo ser, o el ser interior, que da al ser exterior algo similar a su propia realidad de ser. Cualquier cambio en el comportamiento del ser interior dará lugar a los correspondientes cambios exteriores.

El místico llama a un cambio de conciencia "muerte". Por muerte se refiere, no a la destrucción de la imaginación y del estado con el que estaba fusionado, sino a la disolución de su unión. La fusión es unión más que unicidad. Por lo tanto, las condiciones a las que dio lugar esa unión se desvanecen. "Yo muero cada día", dijo Pablo a los corintios. Blake le dijo a su amigo, Crabbe Robinson:

> No hay nada como la muerte. La muerte es lo mejor que puede pasar en la vida, pero la mayoría de la gente muere muy tarde y toma un tiempo muy despiadado en morir. Dios sabe que sus vecinos nunca los ven levantarse de entre los muertos.

Para el ser externo de los sentidos, que no sabe nada del ser interno, esto es pura tontería. No obstante, Blake dejó muy claro lo anterior cuando el año anterior a su muerte escribió:

> William Blake —uno que se deleita con la buena compañía. Nació el 28 de noviembre de 1757 en Londres y ha muerto varias veces desde entonces.

Cuando la persona tiene el sentido de Cristo como su imaginación, ve por qué Cristo debe morir y resucitar de entre los muertos para salvar a las personas — porque debe separar su imaginación de su estado actual y hacerla coincidir con un concepto más elevado de sí mismo si quiere elevarse por encima de sus limitaciones actuales y así salvarse.

A continuación, una bonita historia de una muerte mística que fue presenciada por una "vecina". La "resucitada" escribe:

"La semana pasada, una amiga me ofreció su casa en las montañas para las vacaciones de Navidad, ya que ella pensaba ir al Este. Me dijo que me confirmaría esta semana. Tuvimos una conversación muy agradable y le hablé sobre ti y tus enseñanzas, a propósito de una discusión sobre el libro "Un experimento con el tiempo" de Dunne que ella había estado leyendo.

"Su carta llegó el lunes. Al recogerla tuve una repentina sensación de depresión. Sin embargo, cuando la leí, me dijo que podía quedarme con la casa y me dijo dónde conseguir las llaves. En lugar de alegrarme, me deprimí aún más, tanto que decidí que debía haber algo entre líneas que estaba percibiendo intuitivamente. Abrí la carta y leí toda la primera hoja, al pasar a la segunda, me di cuenta de que había escrito una posdata en el reverso de la primera hoja. Consistía en una descripción extremadamente directa y contundente de un rasgo desagradable de mi carácter que había luchado durante años por superar, y durante los últimos dos años creía haberlo conseguido. Sin embargo, aquí estaba de nuevo, descrito con exactitud clínica.

"Me quedé sorprendida y desolada. Pensé: '¿Qué está tratando de decirme esta carta? En primer lugar, me invitó a usar su casa, ya que me había estado imaginado en algún lugar encantador durante las vacaciones. En segundo lugar, nada viene a mí a menos que yo lo atraiga. Y en tercer lugar, no he escuchado más que buenas noticias. Por lo tanto, la conclusión obvia es que algo en mí se corresponde con esta carta y no importa lo que parezca, son buenas noticias'.

"Volví a leer la carta, y al hacerlo me pregunté: '¿Qué es lo que debo ver aquí?' Y entonces lo vi. Empezaba así: "Después de nuestra conversación de la semana pasada, creo que puedo decirte..." y el resto de la página estaba tan salpicada de 'era' y 'estaba' como pasas en un pastel de semillas. Entonces me invadió una gran sensación de euforia. Todo había quedado en el pasado. Lo que tanto me había costado corregir estaba hecho. De repente me di cuenta de que mi amiga era testigo de mi resurrección. Di vueltas por el estudio exclamando: "¡Todo es cosa del pasado! Ya está hecho. Gracias, ya está hecho". Reuní toda mi gratitud en una gran bola de luz y la proyecté directamente hacia ti, y si viste un relámpago el lunes por la tarde, poco después de las seis, fue esto.

"Ahora, en lugar de escribir una carta cortés porque es lo correcto, puedo escribir agradeciendo sinceramente su franqueza y dándole las gracias por el préstamo de su casa. Muchas gracias por estas enseñanzas que han hecho de mi amada imaginación mi verdadero Salvador".

Y ahora, si alguien le dice:
"Mira, aquí está el Cristo", o "Allí está"
Ella no le creerá, porque sabe que el Reino de Dios está dentro de ella y que ella misma debe asumir toda la responsabilidad de la encarnación de su ideal y que nada

más que la muerte y la resurrección la llevarán a él. Ha encontrado a su Salvador, su amada imaginación, expandiéndose para siempre en el seno de Dios.

Solo hay una realidad, y es Cristo —la Imaginación Humana, la herencia y el logro final de toda la humanidad.

"Para que... hablando la verdad en amor, crezcamos en todos los aspectos en aquel que es la cabeza, es decir, Cristo" (Efesios 4: 14-15)

CAPÍTULO 7

LA CREACIÓN ESTÁ TERMINADA

"Nada existe que no haya existido antes, y nada existirá que no exista ya" (Eclesiastés 3: 15)

Blake veía todas las posibles situaciones humanas como estados "ya creados". Veía cada aspecto, cada argumento y cada drama como ya elaborados, como "meras posibilidades" mientras no estemos en ellas, pero como potentes realidades cuando estamos en ellas. Describió estos estados como "Esculturas de los salones de Los".

Por lo tanto, hay que distinguir los estados y los individuos de esos estados. Los estados cambian, pero las identidades individuales nunca cambian ni cesan... La imaginación no es un estado.

Blake dijo:

Es la existencia humana misma. El afecto o el amor se convierten en un estado cuando se separan de la imaginación.

No es posible decir lo importante que es recordar esto, pues cuando el individuo se da cuenta de ello por primera vez, es el momento más importante de su vida, y ser animado a sentir esto es la forma más alta de estímulo que es posible dar.

Esta verdad es común para todos, pero la conciencia de ella, y aún más, la autoconsciencia de ella, es otro tema.

El día en que me di cuenta de esta gran verdad —que todo en mi mundo es una manifestación de la actividad mental que se desarrolla en mi interior, y que las condiciones y circunstancias de mi vida solo reflejan el estado de conciencia con el que estoy fusionado— fue el más trascendental de mi vida. Pero la experiencia que me llevó a esta certeza es tan alejada de la existencia común, que por mucho tiempo he dudado en contarla, porque mi razón se negaba a admitir las conclusiones a las que la experiencia me llevaba. Sin embargo, esta experiencia me reveló que soy supremo dentro del círculo de mi propio estado de conciencia, y que es el estado con el que me identifico el que determina lo que experimento. Por lo tanto, debería compartirse con todos, ya que saber esto es liberarse de la mayor tiranía del mundo, la creencia en una segunda causa.

"Bienaventurados los de limpio corazón, pues ellos verán a Dios" (Mateo 5: 8)

Bienaventurados aquellos cuya imaginación ha sido tan purgada de las creencias en segundas causas que saben que la imaginación es todo, y todo es imaginación.

Un día, me desplacé silenciosamente desde mi apartamento en la ciudad de Nueva York hasta algún remoto campo de antaño. Al entrar en el comedor de una gran posada, tomé plena conciencia. Sabía que mi cuerpo físico estaba inmovilizado en mi cama de Nueva York. Sin embargo, aquí estaba tan despierto y consciente como nunca lo había estado. Supe intuitivamente que si podía detener la actividad de mi mente, todo lo que tenía delante se congelaría. Tan pronto como surgió ese pensamiento, me invadió el impulso de intentarlo. Sentí que mi cabeza se tensaba y luego se espesaba hasta llegar a la quietud. Mi atención se concentró en un enfoque claro como el cristal, y la mesera que estaba caminando, ya no caminaba. Miré por la ventana y las hojas que caían, dejaron de caer. La familia con cuatro personas comiendo, ya no comía. Y ellos recogiendo la comida, ya no la recogían. Luego, mi atención se relajó, la tensión se alivió, y de repente todo siguió su curso. Las hojas cayeron, la camarera caminó y la familia comió. Entonces comprendí la visión de Blake de las "Esculturas de los Salones de Los".

"Yo los envié a ustedes a segar lo que no han trabajado" (Juan 4:38)

La Creación está terminada.

107

"Nada existe que no haya existido antes, y nada existirá que no exista ya" (Eclesiastés 3: 15)

El mundo de la creación está terminado, y su original está dentro de nosotros. Lo vimos antes de partir, y desde entonces hemos tratado de recordarlo y de activar secciones del mismo. Hay infinitas visiones de él. Nuestra tarea es conseguir la visión correcta y mediante una determinada dirección de nuestra atención hacerla pasar en procesión ante el ojo interior. Si ensamblamos la secuencia correcta y la experimentamos en la imaginación hasta que tenga el tono de la realidad, entonces creamos conscientemente las circunstancias. Esta procesión interna es la actividad de la imaginación que debe ser dirigida conscientemente. Mediante una serie de transformaciones mentales, nos hacemos conscientes de porciones crecientes de lo que ya es, y al hacer coincidir nuestra propia actividad mental con la porción de la creación que deseamos experimentar, la activamos, la resucitamos y le damos vida.

Esta experiencia mía no solo muestra el mundo como una manifestación de la actividad mental del observador individual, sino que también revela nuestro curso del tiempo como saltos de atención entre momentos eternos. Un abismo infinito separa dos momentos cualquiera de los nuestros. A través de los movimientos de nuestra atención, damos vida a las "Esculturas de los salones de Los".

Piensa en el mundo como si contuviera un número infinito de estados de conciencia desde los cuales se pudiera mirar. Considera estos estados como habitaciones o mansiones en la Casa de Dios y que, al igual que las habitaciones de cualquier casa, están fijas unas en relación con otras. Ahora, piensa en ti mismo, en el Yo Real, en el Tú Imaginativo, como el ocupante viviente y en movimiento de la Casa de Dios. Cada habitación contiene algunas de las Esculturas de Los, con infinitas historias, dramas y situaciones ya elaboradas pero no activadas. Se activan en cuanto la Imaginación Humana entra y se fusiona con ellas. Cada una representa ciertas actividades mentales y emocionales. Para entrar en un estado, la persona debe aceptar las ideas y los sentimientos que este representa. Estos estados representan un número infinito de posibles transformaciones mentales que se pueden experimentar. Para pasar a otro estado o mansión es necesario un cambio de creencias. Todo lo que podrías desear ya está presente y solo espera ser igualado por tus creencias. Pero debe ser igualado, porque esa es la condición necesaria por la cual puede ser activado y materializado. La correspondencia con las creencias de un estado es la búsqueda que encuentra, la llamada a la que se abre, la petición que recibe. "Entra y toma posesión de la tierra".

Cuando una persona coincide con las creencias de cualquier estado, se fusiona con él, y esta unión da lugar a la activación y proyección de sus tramas, planes, dramas y situaciones. Se convierte en el hogar del individuo desde el que ve el mundo. Es su taller y, si es observador, verá que la realidad exterior se está formando sobre el modelo de su imaginación.

Precisamente con el propósito de instruirnos en la creación de imágenes, fuimos sometidos a las limitaciones de los sentidos y revestidos de cuerpos de carne. Es el despertar de la imaginación, el regreso de su Hijo, lo que nuestro Padre espera.

"La creación fue sometida a vanidad, no de su propia voluntad, sino por causa de Aquel que la sometió" (Romanos 8: 20)

Pero la victoria del Hijo, el retorno del pródigo, nos asegura que:

"La creación será liberada de la esclavitud, de la corrupción a la libertad, de la gloria de los hijos de Dios" (Romanos 8: 21)

Fuimos sometidos a esta experiencia biológica porque nadie que no haya estado sometido a las vanidades y limitaciones de la carne, que no haya tomado su parte de la filiación y se haya vuelto pródigo, que no haya experimentado y probado esta copa de experiencia, puede conocer la imaginación. Pero la confusión continuará mientras no se restablezca una visión fundamentalmente imaginativa de la vida y se reconozca como algo básico.

"A mí... se me concedió esta gracia: anunciar a los gentiles las inescrutables riquezas de Cristo, y sacar a la luz cuál es la dispensación del misterio que por los siglos ha estado oculto en Dios, creador de todas las cosas" (Efesios 3: 8-9)

Ten en cuenta que Cristo en ti es tu imaginación.

Así como la apariencia de nuestro mundo está determinada por el estado particular con el que estamos fusionados, así podemos determinar nuestro destino como individuos fusionando nuestra imaginación con los ideales que buscamos realizar. De la distinción entre nuestros estados de conciencia depende la distinción entre las circunstancias y condiciones de nuestra vida. El individuo, que es libre para elegir su estado, a menudo clama para ser salvado del estado que ha elegido.

"Ese día clamarán por causa de su rey a quien escogieron para ustedes, pero el Señor no les responderá en ese día. No obstante, el pueblo rehusó oír la voz de Samuel, y dijeron: No, sino que habrá rey sobre nosotros". (1 Samuel 8: 18-19)

Elige sabiamente el estado al que servirás. Todos los estados carecen de vida hasta que la imaginación se funde con ellos.

"Todas las cosas se hacen visibles cuando son expuestas por la luz, pues lo que hace que todo sea visible es la luz" (Efesios 5: 13)

También,

"Ustedes son la luz del mundo" (Mateo 5: 14)

Por la que se manifiestan las ideas que has consentido.

Aférrate a tu ideal. Nada puede arrebatártelo sino tu imaginación. No pienses en tu ideal, piensa desde él. Solamente se realizan los ideales desde los que piensas.

"No solo de pan vivirá el hombre, sino de toda palabra que sale de la boca de Dios" (Mateo 4: 4)

y "la boca de Dios" es la mente del individuo.

Conviértete en un bebedor y un comedor de los ideales que deseas realizar. Ten un objetivo fijo y definido o tu mente divagará, y al divagar se comerá toda sugestión negativa. Si vives bien mentalmente, todo lo demás estará bien. Mediante un cambio de dieta mental, puedes alterar el curso de los acontecimientos observados. Pero a menos que haya un cambio de dieta mental, tu historia personal seguirá siendo la misma. Tú iluminas u oscureces tu vida por las ideas que consientes. Nada es más importante para ti que las ideas de las que te alimentas. Y te alimentas de las ideas de las que piensas. Si observas que el mundo no cambia, es una señal segura de que te falta fidelidad a la nueva dieta mental, la cual descuidas para condenar a tu entorno. Necesitas una actitud nueva y sostenida. Puedes ser lo que quieras si haces que la concepción sea habitual, pues cualquier idea que excluya todas las demás del campo de atención desemboca en la acción. Las ideas y los estados de ánimo a los que regresas constantemente definen el estado con el que estás fusionado. Por lo tanto, entrénate para ocupar más frecuentemente el sentimiento de tu deseo cumplido. Esto es magia creativa. Es la manera de trabajar hacia la fusión con el estado deseado.

Si asumieras el sentimiento de tu deseo cumplido con más frecuencia, serías dueño de tu destino, pero desgraciadamente la mayor parte del tiempo apartas tu asunción. Practica haciendo real para ti el sentimiento del deseo cumplido. Una vez que hayas asumido el sentimiento del deseo cumplido, no cierres la experiencia como lo harías con un libro, sino que llévala contigo como una fragancia. En lugar de olvidarlo por completo, deja que permanezca en la atmósfera comunicando su influencia automáticamente a tus acciones y reacciones. Un estado de ánimo, repetido con frecuencia, adquiere un impulso que es difícil de romper o controlar. Por lo tanto, ten cuidado con los sentimientos que albergas. Los estados de ánimo habituales revelan el estado con el que estás fusionado.

Siempre es posible pasar de pensar en el final que deseas realizar, a pensar desde el final.

Lo fundamental es pensar desde el final, porque pensar *desde* significa unificación o fusión con la idea, mientras que en el pensamiento del final siempre hay sujeto y objeto, el individuo que piensa y la cosa pensada. Debes imaginarte en el estado de tu deseo cumplido, en tu amor por ese estado, y al hacerlo, vives y piensas desde él y no más en él. Pasas de pensar *en,* a pensar *desde,* centrando tu imaginación en el sentimiento del deseo cumplido.

CAPÍTULO 8

LA NIÑA DEL OJO DE DIOS

¿Cuál es la opinión de ustedes sobre el Cristo? ¿De quién es hijo? (Mateo 22: 42)

Cuando se te haga esta pregunta, que tu respuesta sea: "Cristo es mi imaginación" y, aunque:

"Ahora no vemos aún todas las cosas sujetas a él" (Hebreos 2: 8)

Sin embargo, sé que soy María, de quien tarde o temprano él nacerá, y finalmente

"Todo lo puedo en Cristo"

El nacimiento de Cristo es el despertar del ser interno o segundo hombre. Es hacerse consciente de la actividad mental dentro de uno mismo, actividad que continúa independientemente de que seamos conscientes de ella o no.

El nacimiento de Cristo no trae a ninguna persona desde la distancia, ni hace nada que no haya estado allí antes. Es la revelación del Hijo de Dios en el individuo. El Señor "viene en las nubes" es la descripción que hace el profeta sobre los anillos pulsantes de luz líquida dorada sobre la cabeza de aquel en quien se despierta. La venida es desde adentro y no desde afuera, ya que Cristo está en nosotros. Este gran misterio: "Dios fue manifestado en la carne", comienza con el Adviento, y es apropiado que la limpieza del Templo...

"Y ese templo son ustedes" (1 Corintios 3: 17)

...Se sitúe en el primer plano de los misterios cristianos.

"El Reino de Dios está dentro de ustedes".
(Lucas 17: 21)

El Adviento es la revelación del misterio de tu ser. Si practicas el arte de la revisión, viviendo de acuerdo con el uso sabio e imaginativo de tu habla interna y tus acciones internas, confiando en que por el uso consciente del "poder que obra en nosotros" Cristo despertará en ti; si lo crees, confías en ello y actúas en consecuencia, Cristo despertará en ti. Esto es el Adviento.

"Grande es el misterio, Dios fue manifestado en la carne". (1 Timoteo 3: 16)

Desde el Adviento,

"Cualquiera que toca a mi pueblo, toca a la niña de mis ojos" (Zacarías 2: 8).

TIEMPO DE SIEMBRA Y COSECHA

NEVILLE

CONTENIDOS

CAPÍTULO 1

EL EXTREMO DE UNA CUERDA DORADA

Te doy el extremo de una cuerda dorada;
hazla un ovillo,
te llevará a la puerta del cielo,
construida en el Muro de Jerusalén.
(Blake).

En los siguientes escritos, he tratado de indicar ciertas formas de abordar la comprensión de la Biblia y la realización de tus sueños.

"Para que no sean perezosos, sino imitadores de aquellos que por fe y paciencia heredan las promesas" (Hebreos 6:12)

Muchos de quienes disfrutan de los antiguos versículos familiares de las Escrituras se desalientan cuando intentan leer la Biblia de la forma en que leerían cualquier otro

121

libro porque, de manera bastante excusable, no entienden que la Biblia está escrita en lenguaje simbólico. No saben que todos sus personajes son personificaciones de las leyes y funciones de la mente; que la Biblia es psicología más que historia, entonces, ellos desconciertan sus cerebros por un tiempo y luego se dan por vencidos. Es demasiado desconcertante.

Para comprender el significado de sus metáforas, el lector de la Biblia debe estar imaginativamente despierto. De acuerdo con las Escrituras, nosotros nos dormimos con Adán y nos despertamos con Cristo. Es decir, dormimos colectivamente y despertamos individualmente.

"Y el Señor Dios hizo caer un sueño profundo sobre el hombre, y este se durmió". (Génesis 2:21).

Si Adán, o el ser genérico, está en un sueño profundo, entonces sus experiencias, tal como están registradas en las Escrituras, deben ser un sueño. Solo el que está despierto puede contar su sueño, y solo el que pueda entender el simbolismo de los sueños podría interpretar el sueño.

"Y se decían el uno al otro, ¿No ardía nuestro corazón dentro de nosotros, mientras nos hablaba en el camino, y cuando nos abría las Escrituras?" (Lucas 24:32).

La Biblia es una revelación de las leyes y las funciones de la mente, expresadas en el lenguaje de ese reino indefinido al cual vamos cuando dormimos. Ya que el lenguaje simbólico de este reino indefinido es muy similar para todos, los recientes exploradores de este reino —la imaginación humana— lo llaman el "inconsciente colectivo".

Sin embargo, no es el propósito de este libro darte una definición completa de los símbolos bíblicos o exhaustivas interpretaciones de sus historias. Todo lo que espero hacer es indicar el camino por el cual es más probable que tengas éxito en la realización de tus deseos. Lo que sea que desees puede obtenerse solo a través del ejercicio consciente y voluntario de la imaginación, en directa obediencia a las leyes de la mente.

En algún lugar dentro de este reino de la imaginación hay un estado de ánimo, un sentimiento del deseo cumplido, si te apropias de él, significa éxito para ti.

Este reino, este Edén —tu imaginación— es más vasto de lo que crees y su exploración te compensará.

"Yo te doy el extremo de una cuerda dorada; tú debes hacerla un ovillo".

LOS CUATRO PODEROSOS

"Y salía del Edén un río para regar el huerto, y de allí se repartía en cuatro cabezas" (Génesis 2:10).

"Y tenía cada uno cuatro caras" (Ezequiel 10:14).

"Veo a cuatro hombres sueltos que se pasean en medio del fuego sin sufrir daño alguno, y el aspecto del cuarto es semejante al de un hijo de los dioses" (Daniel 3:25).

"Cuatro Poderosos están en cada hombre" (Blake).

Los "Cuatro Poderosos" constituyen la individualidad del ser humano, o Dios en el ser humano. Hay "Cuatro Poderosos" en cada persona, pero estos "Cuatro Poderosos" no son cuatro seres separados, no están separados unos de otros como lo están los dedos de tu mano. Los "Cuatro Poderosos" son cuatro aspectos diferentes de tu mente y difieren entre sí en función y carácter, pero no son cuatro seres separados habitando el cuerpo de una persona.

Los "Cuatro Poderosos" se pueden equiparar con los cuatro caracteres hebreos: (Yod, He, Vau, He) que forman el misterioso nombre de cuatro letras del poder creativo, y combinando en sí mismo las formas pasada, presente y futura del verbo "ser".

El Tetragrámaton es venerado como el símbolo del Poder Creativo en el individuo —Yo Soy— las cuatro funciones creativas en el individuo que se extienden para realizar las cualidades latentes en sí mismo en los fenómenos materiales reales.

Podemos comprender mejor a los "Cuatro Poderosos" comparándolos con los cuatro personajes más importantes en la producción de una obra de teatro.

"Todo el mundo es un gran teatro, y todos los hombres y mujeres simplemente actores; ellos hacen sus entradas y sus salidas, y un hombre en su tiempo actúa diversos papeles."
("Como Gustes" Acto II, Escena VII)

El productor, el autor, el director y el actor son los cuatro personajes más importantes en la producción de una obra de teatro. En el drama de la vida, la función del productor es sugerir el tema de la obra. Esto lo hace en forma de un deseo, tal como: "Me gustaría ser exitoso"; "Me gustaría hacer un viaje"; "Me gustaría estar casado", etc.

Ahora bien, para aparecer en el escenario del mundo, estos temas generales deben especificarse de alguna manera y elaborarse en detalle. No es suficiente decir: "Me gustaría ser exitoso". Eso es demasiado indefinido. ¿Exitoso en qué? Sin embargo, el primer "Poderoso" solo sugiere un tema. La dramatización del tema se deja a la originalidad del segundo "Poderoso", el autor.

Para dramatizar el tema, el autor solo escribe la última escena de la obra, pero esta escena la escribe en detalle. La escena debe dramatizar el deseo cumplido. El autor construye mentalmente una escena lo más realista posible de lo que experimentaría si cumpliera su deseo. Cuando la escena es claramente visualizada, el trabajo del autor está hecho.

El tercer "Poderoso" en la producción de la obra de la vida, es el director. La tarea del director consiste en vigilar que el actor se mantenga fiel al guion y ensayarlo una y otra vez hasta que se sienta natural en su papel. Esta función puede compararse a una atención controlada y conscientemente dirigida, una atención centrada exclusivamente en la acción que implica que el deseo ya se ha realizado.

"La forma del Cuarto es como el Hijo de Dios", la imaginación humana, el actor. Este cuarto "Poderoso" realiza dentro de sí mismo, en la imaginación, la acción predeterminada que implica el cumplimiento del deseo. Esta función no visualiza ni observa la acción. Esta función en realidad representa el drama, y lo hace una y otra vez, hasta que adquiere los tonos de la realidad.

Sin la visión dramatizada del deseo cumplido, el tema sigue siendo un simple tema y duerme para siempre en las vastas cámaras de los temas que no han nacido. Tampoco la visión percibida alcanzará la realidad objetiva sin la atención cooperante, obediente a la visión dramatizada del deseo cumplido.

Los "Cuatro Poderosos" son los cuatro cuartos del alma humana. El primero es el Rey de Jehová, quien sugiere el tema; el segundo es el siervo de Jehová, que elabora fielmente el tema en una visión dramatizada; el tercero es el hombre de Jehová, que está atento y obediente a la visión del deseo cumplido, que devuelve la imaginación errante al guion "setenta veces siete". La "Forma del Cuarto" es Jehová mismo, que representa el tema dramatizado en el escenario de la mente.

"Deja que esta manera de pensar esté en ti, que también estaba en Cristo Jesús, el cual, estando en la forma de Dios, no pensó que era robo ser igual a Dios" (Filipenses 2: 5- 6 (KJ21)).

El drama de la vida es un esfuerzo conjunto de las cuatro partes del alma humana.

"Todo lo que contemplas, aunque aparece afuera, está dentro, en tu imaginación, de la cual este mundo de mortalidad no es más que una sombra" (Blake).

Todo lo que contemplamos es una construcción visual concebida para expresar un tema, un tema que ha sido dramatizado, ensayado y representado en otro lugar. Lo que presenciamos en el escenario del mundo es una construcción óptica ideada para expresar los temas que han sido dramatizados, ensayados y representados en la imaginación de las personas.

Los "Cuatro Poderosos" constituyen la individualidad de la persona, o Dios en el individuo; y todo lo que el individuo contempla, aunque aparezca fuera, no son más que sombras proyectadas sobre la pantalla del espacio, construcciones ópticas ideadas por el Yo para informarle sobre los temas que ha concebido, dramatizado, ensayado y representado dentro de sí mismo.

"La criatura quedó sujeta a la vanidad" para poder hacerse consciente de su Yo y de las funciones que desempeña, ya que con la conciencia de su Yo y las funciones que desempeña, puede actuar con un propósito; puede tener una historia autodeterminada conscientemente. Sin conciencia, actúa inconscientemente, y clama a un Dios objetivo que lo salve de su propia creación.

> "¡Oh Señor! ¿Hasta cuándo he de pedirte ayuda sin que tú me escuches? ¿Hasta cuándo he de quejarme de la violencia sin que tú nos salves?"
> (Habacuc 1: 2).

Cuando el individuo descubra que la vida es una obra que él mismo está escribiendo consciente o inconscientemente, dejará de torturarse a sí mismo emitiendo juicios sobre los demás. En lugar de eso, reescribirá la obra para que se ajuste a su ideal, porque se dará cuenta de que todos los cambios en la obra deben provenir de la cooperación de los "Cuatro Poderosos" dentro de sí mismo. Solo ellos pueden alterar el guion y producir el cambio. Todos los hombres y mujeres de su mundo son simplemente actores y son tan incapaces de cambiar su obra, como los actores son incapaces de cambiar la imagen de la pantalla.

El cambio deseado debe ser concebido, dramatizado, ensayado y representado en el teatro de su mente. Cuando la cuarta función, la imaginación, ha completado su tarea de ensayar la versión revisada de la obra hasta que resulte natural, entonces se levantará el telón sobre este mundo tan aparentemente sólido y los "Cuatro Poderosos" proyectarán una sombra de la obra real sobre la pantalla del espacio. Hombres y mujeres interpretarán automáticamente sus papeles para que se cumpla el tema dramatizado. Los actores, por razón de sus diversos papeles en el drama del mundo, se vuelven relevantes para el tema dramatizado del individuo y, por ser relevantes, son atraídos a su drama. Interpretarán sus papeles, creyendo fielmente todo el tiempo que fueron ellos mismos quienes iniciaron los papeles que interpretan. Esto lo hacen porque:

"Tú, Padre, estás en mí, y yo en ti… Yo en ellos, y tú en mí" (Juan 17:21, 23).

Yo estoy implicado en la humanidad. Somos uno. Todos desempeñamos los cuatro papeles de productor, autor, director y actor en el drama de la vida. Algunos lo hacemos conscientemente, otros inconscientemente. Es necesario que lo hagamos conscientemente. Solamente así podremos estar seguros de un final perfecto para nuestra obra. Entonces comprenderemos por qué debemos hacernos conscientes de las cuatro funciones del único Dios dentro nuestro, para que podamos tener la compañía de Dios como sus Hijos.

"El ser humano no debería quedarse
como un ser humano.
Su objetivo debería ser más alto.
Porque Dios solo a dioses
Acepta como compañía".
(Ángelus Silesius).

En enero de 1946, llevé a mi esposa y a mi pequeña hija de vacaciones a Barbados, en las Antillas Británicas. Como no sabía que hubiera dificultades para conseguir un pasaje de vuelta, no había reservado el nuestro antes de salir de Nueva York. A nuestra llegada a Barbados descubrí que solo había dos barcos que hacían escala en las islas, uno desde Boston y otro desde Nueva York. Me dijeron que no había disponibilidad en ninguno de los barcos antes de septiembre. Puesto que tenía compromisos en Nueva York para la primera semana de mayo, me inscribí en la larga lista de espera para el barco de abril.

Unos días más tarde, el barco de Nueva York estaba anclado en el puerto. Lo observé con mucho cuidado y decidí que ese era el barco que debíamos tomar. Regresé a mi hotel y determiné una acción interna que sería mía si realmente navegáramos en ese barco. Me acomodé en un sillón de mi habitación, para perderme en esta acción imaginativa.

En Barbados, cuando embarcamos en un gran barco de vapor, tomamos una lancha a motor o una barca de remos para adentrarnos en el puerto. Sabía que debía captar el sentimiento de estar navegando en ese barco. Elegí la acción interna de bajar del pequeño bote y subir por la pasarela del vapor. La primera vez que lo intenté, mi atención se desvió al llegar a lo alto de la pasarela. Regresé abajo, y lo intenté una y otra vez. No recuerdo cuántas veces realicé esta acción en mi imaginación hasta que llegué a la cubierta y volví la vista al puerto con el sentimiento de la dulce tristeza de partir. Me sentía feliz de regresar a mi hogar en Nueva York, pero nostálgico al despedirme de la encantadora isla y de nuestra familia y amigos. Recuerdo que en uno de mis muchos intentos de subir por la pasarela con la sensación de estar navegando, me quedé dormido. Después de despertarme, me dediqué a las actividades sociales habituales del día y de la noche.

A la mañana siguiente, recibí una llamada de la compañía de barcos pidiéndome que fuera a su oficina a recoger los pasajes para el viaje de abril. Tenía curiosidad por saber por qué Barbados había sido elegida para recibir la cancelación y por qué yo, al final de la larga lista de espera, iba a tener la reserva. Sin embargo, todo lo que la agente pudo decirme fue que esa mañana se había recibido un telegrama de Nueva York ofreciendo pasaje para tres. Yo no fui el primero al que llamó la agente, pero, por razones que no podía explicar, aquellos a los que había llamado dijeron que ahora les parecía inconveniente embarcarse en abril. Embarcamos el 20 de abril y llegamos a Nueva York la mañana del Primero de Mayo.

En la producción de mi obra —la salida en un barco que me llevaría a Nueva York el Primero de Mayo— interpreté los cuatro personajes más importantes de mi drama. Como productor, decidí navegar en un barco específico en un tiempo determinado. Interpretando el papel del autor, escribí el guion — visualicé la acción interior que se ajustaba a la acción exterior que yo llevaría a cabo si mi deseo se hiciera realidad. Como director, ensayé yo mismo, el actor, en esa acción imaginaria de subir la pasarela hasta que esa acción se sintió completamente natural.

Una vez hecho esto, los acontecimientos y las personas en el mundo exterior se movieron rápidamente para adaptarse a la obra que yo había construido y representado en mi imaginación.

"Vi el flujo de la visión mística
Y vive en hombres y bosques y arroyos.
Hasta que ya no pude conocer
La corriente de la vida de mis propios sueños".
—George William Russell (AE).

Relaté esta historia a una audiencia mía en San Francisco, y una señora del público me contó cómo ella había utilizado inconscientemente la misma técnica, cuando era una jovencita. El hecho ocurrió en Nochebuena. Ella se sentía muy triste, cansada y con lástima de sí misma. Su padre, a quien adoraba, había muerto repentinamente. No solo sentía la pérdida en esta época de Navidad, sino que, además, la necesidad la había obligado a renunciar a los años de universidad que había planeado y ponerse a trabajar. Esta lluviosa Nochebuena, se dirigía a casa en un tranvía de San Diego. El vagón estaba lleno de alegres conversaciones de jóvenes felices que iban a sus casas para las fiestas. Para ocultar sus lágrimas de quienes la rodeaban, se puso de pie en la parte descubierta delante del vagón y volvió la cara hacia el cielo para mezclar sus lágrimas con la lluvia. Con los ojos cerrados y sosteniendo firmemente la barandilla del vagón, esto es lo que se dijo a sí misma:

"Esta no es la sal de las lágrimas lo que saboreo, sino la sal del mar en el viento. Esto no es San Diego, es el Pacífico Sur y estoy navegando hacia la bahía de Samoa".

Y mirando hacia arriba, construyó en su imaginación lo que ella imaginaba que era la Cruz del Sur. Se perdió en esta contemplación de tal manera que todo se desvaneció a su alrededor. De pronto, estaba al final de la línea, y en casa.

Dos semanas más tarde, recibió un mensaje de un abogado de Chicago diciendo que tenía tres mil dólares en bonos americanos para ella. Varios años antes, una tía suya se había ido a Europa, dejando instrucciones de que si no regresaba a Estados Unidos estos bonos fueran entregados a su sobrina. El abogado acababa de recibir la noticia de la muerte de la tía y ahora estaba llevando a cabo sus instrucciones.

Un mes más tarde, la muchacha se embarcó rumbo a las islas del Pacífico Sur. Era de noche cuando entró en la bahía de Samoa. Mirando hacia abajo, pudo ver la espuma blanca como un "hueso en la boca de la dama" mientras el barco surcaba las olas y traía la sal del mar en el viento. Un oficial de guardia le dijo: "Ahí está la Cruz del Sur", y al mirar hacia arriba, vio la Cruz del Sur tal y como se la había imaginado.

En los años posteriores, tuvo muchas oportunidades de utilizar su imaginación de forma constructiva, pero como lo había hecho inconscientemente, no se dio cuenta de que había una Ley detrás de todo ello. Ahora que lo comprende, ella también está interpretando conscientemente sus cuatro papeles principales en el drama diario de su vida, produciendo obras para el bien de los demás y de sí misma.

"Cuando los soldados hubieron crucificado a Jesús, tomaron sus vestiduras e hicieron cuatro partes, una para cada soldado. Tomaron también su túnica, la cual era sin costura, de un solo tejido de arriba abajo" (Juan 19:23).

CAPÍTULO 3

EL DON DE LA FE

"Y el Señor miró con agrado a Abel y a su ofrenda; pero a Caín y su ofrenda no miró con agrado" (Génesis 4:4-5)

Si examinamos las Escrituras, nos haremos conscientes de un significado mucho más profundo, en la cita anterior, que el que nos daría una lectura literal. El Señor no es otro que tu propia conciencia.

"Así dirás a los hijos de Israel: Yo Soy me ha enviado a ustedes" (Éxodo 3:14).

"Yo Soy" es la autodefinición del Señor.

Caín y Abel, como nietos del Señor, solo pueden ser personificaciones de dos funciones distintas de tu propia conciencia. El autor está realmente preocupado por mostrar los "Dos estados contrarios del alma humana", y ha utilizado a dos hermanos para mostrar estos estados. Los dos hermanos representan dos perspectivas distintas del mundo que posee cada uno. Una es la limitada percepción de los sentidos y la otra es una visión imaginativa del mundo.

Caín —la primera perspectiva— es una rendición pasiva a las apariencias y una aceptación de la vida sobre la base del mundo externo, una perspectiva que conduce inevitablemente a un anhelo insatisfecho o a una satisfacción con desilusión.

Abel —la segunda perspectiva— es una visión del deseo cumplido, elevando al individuo por encima de la evidencia de los sentidos hacia ese estado de satisfacción donde ya no anhela el deseo.

La ignorancia de la segunda perspectiva es un alma en llamas. El conocimiento de la segunda perspectiva es el ala con la que vuela al Cielo del deseo cumplido.

"Ven, come mi pan y bebe del vino que yo he mezclado. Abandona la necedad y vivirás" (Proverbios 9:5-6)

En la epístola a los hebreos, el escritor nos dice que la ofrenda de Abel era la fe y el autor afirma:

"Sin fe es imposible agradar a Dios".
(Hechos 11: 6)

"Ahora bien, la fe es la sustancia de lo que se espera, la convicción de lo que no se ve. Por la fe entendemos que los mundos fueron enmarcados por la palabra de Dios, de modo que lo que se ve no fue hecho de cosas visibles".
(Hebreos 11: 1, 3)

Caín ofrece la evidencia de los sentidos que la conciencia, el Señor, rechaza, porque la aceptación de este regalo como molde del futuro significaría la fijación y la perpetuación del presente estado para siempre. El enfermo estaría enfermo, el pobre sería pobre, el ladrón sería un ladrón, el asesino un asesino, y así sucesivamente, sin esperanza de redención.

El Señor, o la conciencia, no considera ese uso pasivo de la imaginación, que es el regalo de Caín. Él se deleita con el regalo de Abel, el ejercicio activo, voluntario y amoroso de la imaginación a beneficio del individuo, para sí mismo y para los demás.

"Diga el hombre débil: Yo Soy fuerte"
(Joel 3:10).

Deja que el individuo ignore las apariencias y se declare a sí mismo como la persona que quiere ser. Déjalo imaginar belleza donde sus sentidos revelan cenizas, alegría donde testifican duelo, riquezas donde dan testimonio de pobreza. Solamente mediante este uso activo y voluntario de la imaginación, puede ser elevado y el Edén restaurado.

El ideal está siempre esperando ser encarnado, pero a menos que nosotros mismos ofrezcamos el ideal al Señor, nuestra conciencia, asumiendo que ya somos aquello que buscamos encarnar, es incapaz de nacer. El Señor necesita su pan diario de fe para moldear el mundo en armonía con nuestros sueños.

"Por la fe Abel ofreció a Dios un sacrificio más excelente que Caín" (Hebreos 11: 4).

137

La fe sacrifica el hecho aparente por la verdad no aparente. La fe se aferra a la verdad fundamental de que, a través de una suposición, los estados invisibles se convierten en hechos visibles.

"Porque ¿qué es la fe a menos que sea para creer lo que no se ve?" (San Agustín)

Recientemente, tuve la oportunidad de observar los maravillosos resultados de alguien que tuvo la fe de creer lo que no veía.

Una joven me pidió que conociera a su hermana y a su sobrino de tres años. Era un niño lindo y saludable, con ojos azules claros y una piel excepcionalmente fina y sin manchas. Entonces, ella me contó su historia. Al nacer, el niño era perfecto en todos los aspectos, excepto por una enorme y fea marca de nacimiento que le cubría un lado del rostro. Su médico les indicó que no se podía hacer nada para este tipo de cicatriz. Las visitas a numerosos especialistas no hicieron más que confirmar su afirmación.

Al escuchar el veredicto la tía se propuso demostrar su fe —que una asunción, aunque sea negada por la evidencia de los sentidos, si se persiste en ella, se convertirá en un hecho. Entonces, cada vez que pensaba en el bebé, que era muy a menudo, veía en su imaginación un bebé de ocho meses con un rostro perfecto, sin ningún rastro de cicatriz. Esto no era fácil, pero ella sabía que, en este caso, ese era el regalo de Abel que agradaba a Dios. Ella persistió en su fe: creyó en lo que no se veía. El resultado fue que visitó a su hermana el día en que el niño cumplía ocho meses y lo encontró con una piel perfecta y sin marcas, sin rastro de ninguna marca de nacimiento que haya estado presente. ¡Suerte! ¡Coincidencia! Grita Caín. No. Abel sabe que estos son nombres dados por aquellos que no tienen fe, en las obras de la fe.

"Caminamos por fe, no por vista"
(2 Corintios 5: 7).

Cuando la razón y los hechos de la vida se oponen a la idea que deseas realizar y aceptas la evidencia de tus sentidos y los dictados de la razón como la verdad, has traído al Señor —tu conciencia— el regalo de Caín. Es obvio que tales ofrendas no le agradan. La vida en la tierra es un campo de entrenamiento para la creación de imágenes. Si solo utilizas los moldes que te dictan tus sentidos, no habrá ningún cambio en tu vida. Tú estás aquí para vivir la vida más abundante, así que debes utilizar los moldes invisibles de la imaginación y hacer de los resultados y los logros la prueba crucial de tu poder de creación. Solo cuando asumes el sentimiento del deseo cumplido y continúas en él, estás ofreciendo el regalo que le agrada. "Cuando el regalo de Abel sea mi atuendo, entonces realizaré mi deseo".

El profeta Malaquías se queja de que el hombre ha robado a Dios:

"Pero dicen: ¿En qué te hemos robado? En los diezmos y las ofrendas" (Malaquías 3: 8).

Los hechos basados en la razón y la evidencia de los sentidos, que se oponen a la idea que busca expresión, te roban la creencia en la realidad del estado invisible. Pero "la fe es la evidencia de las cosas que no se ven", y por medio de ella "Llama a las cosas que no son, como si fuesen". (Romanos 4:17). Llama a lo que no se ve, asume que ya se ha cumplido tu deseo.

> "Para que haya alimento en mi casa, y pruébenme ahora en esto, dice Jehová de los ejércitos, si no te abro las ventanas del cielo y derramo tanta bendición, que no habrá espacio suficiente para recibirla" (Malaquías 3:10).

Esta es la historia de una pareja que vive en Sacramento, California, que se negó a aceptar la evidencia de sus sentidos, que se negó a ser robada, a pesar de una aparente pérdida La esposa le había regalado a su marido un reloj de pulsera muy valioso. El regalo duplicó su valor por el sentimiento adjunto. Ellos tenían un pequeño ritual con el reloj. Cada noche, cuando él se quitaba el reloj, se lo daba a ella y lo guardaba en una caja especial en la cómoda. Cada mañana, ella tomaba el reloj y se lo entregaba para que se lo pusiera.

Una mañana, el reloj desapareció. Ambos recordaron haber realizado sus partes habituales la noche anterior, por lo tanto, el reloj no se había perdido ni extraviado, sino que había sido robado. En ese momento, decidieron no aceptar el hecho de que realmente había desaparecido. Se dijeron el uno al otro: "Esta es una oportunidad para practicar lo que creemos". Decidieron que, en su imaginación, llevarían a cabo su acostumbrado ritual, como si el reloj estuviera realmente allí. En su imaginación, cada noche el marido se quitaba el reloj y se lo daba a su mujer, mientras que en la imaginación de ella, aceptaba el reloj y lo guardaba cuidadosamente. Cada mañana, ella sacaba el reloj de su caja y se lo daba a su marido, quien, a su vez, se lo ponía. Así lo hicieron fielmente durante dos semanas.

Al cabo de catorce días, un hombre entró en la única joyería de Sacramento, donde fue reconocido el reloj. Mientras ofrecía una joya para su evaluación, el dueño de la tienda notó el reloj de pulsera que llevaba puesto. Con el pretexto de necesitar un examen más detallado de la piedra, entró en una oficina interior y llamó a la policía. Después de que la policía detuviera al hombre, encontraron en su apartamento joyas robadas, valoradas en más de diez mil dólares. Al caminar "por fe, no por vista", esta pareja logró su deseo —el reloj— y también ayudó a muchos otros a recuperar lo que parecía haberse perdido para siempre.

"Si uno avanza confiadamente en la dirección de su sueño y se esfuerza por vivir la vida que ha imaginado, se encontrará con un éxito inesperado en horas comunes" (Thoreau).

LA ESCALA DEL SER

"Y tuvo un sueño, y he aquí, había una escalera apoyada en la tierra cuyo extremo superior alcanzaba hasta el cielo; y he aquí los ángeles de Dios subían y bajaban por ella. Y, he aquí, el Señor estaba sobre ella" (Génesis 28:12-13).

En un sueño, en una visión nocturna, cuando el sueño profundo cayó sobre Jacob, se abrió su ojo interior y vio el mundo como una serie de niveles de conciencia ascendentes y descendentes. Fue una revelación de la más profunda comprensión de los misterios del mundo. Jacob vio una escala vertical de valores ascendentes y descendentes, o estados de conciencia. Esto daba sentido a todo lo que había en el mundo exterior, pues sin esa escala de valores la vida no tendría sentido.

En cada momento del tiempo, el individuo se sitúa en la escala eterna del significado. No hay ningún objeto o acontecimiento que haya tenido lugar alguna vez o esté teniendo lugar ahora, que no tenga significado. El significado de un objeto o acontecimiento para el individuo es un índice directo del nivel de su conciencia. Por ejemplo, tienes este libro en la mano. En un nivel de conciencia, es un objeto en el espacio. En un nivel superior, es una serie de letras en papel, organizadas según ciertas reglas. En un nivel aún más elevado, es una expresión de un significado.

Mirando externamente, primero ves el libro, pero, en realidad, el significado viene primero. Ocupa un mayor grado de importancia que la disposición de las letras en el papel o el libro como un objeto en el espacio. El significado determina la disposición de las letras; la disposición de las letras solo expresa el significado. El significado es invisible y está por encima del nivel de la disposición visible de las letras. Si no hubiera un significado que expresar, no se habría escrito ni publicado ningún libro.

"Y, he aquí, el Señor estaba sobre ella".
El Señor y el significado son uno: el Creador, la causa de los fenómenos de la vida.

"En el principio era la Palabra, y la Palabra estaba con Dios, y la Palabra era Dios"
(Juan 1: 1).

En el principio era la intención —el significado— y la intención estaba con el intencionado, y la intención era el intencionado. Los objetos y los acontecimientos en el tiempo y en el espacio ocupan un nivel de significancia inferior al nivel del significado que los produjo. Todas las cosas fueron hechas por el significado, y sin significado no fue hecho nada de lo que fue hecho.

Es muy importante comprender que todo lo que se ve puede ser considerado como el efecto, en un nivel inferior de significación, de un orden superior de significación que no se ve.

Nuestro modo habitual de proceder consiste en intentar explicar los niveles superiores de significación —por qué suceden las cosas— en términos de los inferiores —qué y cómo suceden las cosas. Por ejemplo, tomemos un accidente real y tratemos de explicarlo:

La mayoría de las personas vive en el nivel de lo que sucedió: el accidente fue un evento en el espacio, un automóvil chocó con otro y prácticamente lo destrozó.

Algunos viven en el nivel superior del "cómo" sucedió el accidente: era una noche lluviosa, los caminos estaban resbaladizos y el segundo automóvil patinó contra el primero.

En raras ocasiones, unos pocos alcanzamos el nivel superior o causal del "por qué" se produce un accidente de este tipo. Entonces, nos hacemos conscientes de lo invisible, el estado de conciencia que produjo el acontecimiento visible.

En este caso, el automóvil destrozado era conducido por una viuda que, aunque creía que no podía permitírselo, deseaba enormemente cambiar de entorno. Esta viuda, que había oído que con el uso adecuado de la imaginación podía hacer y ser todo lo que deseara, se imaginaba a sí misma viviendo en la ciudad que deseaba.

Al mismo tiempo, estaba viviendo en la conciencia de pérdida, tanto personal como financiera. Por lo tanto, provocó un acontecimiento que aparentemente era otra pérdida, pero la suma de dinero que le pagó la compañía de seguros le permitió realizar el cambio deseado en su vida.

Cuando vemos el "por qué" detrás del aparente accidente, el estado de conciencia que produjo el accidente, llegamos a la conclusión de que no hay accidente. Todo en la vida tiene su significado invisible.

La persona que se entera de un accidente, la que sabe "cómo" ocurrió y la que sabe "por qué" ocurrió, se encuentran en tres niveles diferentes de conciencia con respecto a ese accidente. En la escala ascendente, cada nivel superior nos lleva un paso más adelante hacia la verdad del accidente. Debemos esforzarnos constantemente por elevarnos al nivel superior del significado, el significado que es siempre invisible y está por encima del acontecimiento físico. Pero recuerda, el significado o la causa del fenómeno de la vida solo puede encontrarse dentro de la conciencia del individuo.

Las personas están tan absortas en el lado visible del drama de la vida —el lado de "qué" ha sucedido y "cómo" ha sucedido— que rara vez se elevan al lado invisible del "por qué" ha sucedido. Se niegan a aceptar la advertencia del Profeta de que:

"Lo que se ve fue hecho de lo que no se veía" (Hebreos 11: 3).

Sus descripciones de "qué" ha sucedido y "cómo" ha sucedido son verdaderas en cuanto a su correspondiente nivel de pensamiento, pero cuando se pregunta "por qué" ha sucedido, todas las explicaciones físicas se desmoronan y se ve obligado a buscar el "por qué", o el significado de ello, en el nivel invisible y superior.

El análisis mecánico de los acontecimientos se ocupa solo de las relaciones externas de las cosas. Tal curso nunca alcanzará el nivel que encierra el secreto de por qué suceden los acontecimientos. El individuo debe reconocer que los lados inferiores y visibles fluyen desde el nivel de significado superior e invisible.

Se necesita intuición para elevarnos al nivel del significado, al nivel de por qué suceden las cosas. Sigamos el consejo del antiguo profeta hebreo y "levantemos nuestros ojos a los montes" dentro de nosotros mismos y observemos lo que está sucediendo allí. Veamos qué ideas hemos aceptado como verdaderas, a qué estados hemos dado nuestro consentimiento, qué sueños, qué deseos y, sobre todo, qué intenciones. Desde estas colinas todas las cosas vienen a revelar nuestra estatura —nuestra altura— en la escala vertical del significado. Si levantamos nuestros ojos hacia el "Tú en mí, que trabaja detrás del velo", veremos el significado de los fenómenos de la vida.

Los acontecimientos aparecen en la pantalla del espacio para expresar los diferentes niveles de conciencia de la persona. Un cambio en el nivel de su conciencia provoca automáticamente un cambio de los acontecimientos de su vida. Intentar cambiar las condiciones antes de cambiar el nivel de conciencia del que proceden, es luchar en vano. El individuo redime el mundo a medida que asciende en la escala vertical del significado.

En la analogía del libro, vimos que a medida que la conciencia se elevaba hasta el nivel en que se podía ver el significado expresado en la disposición de sus letras, también se incluía el conocimiento de que las letras estaban dispuestas de acuerdo con ciertas reglas. Cuando se imprimían en papel y se encuadernaban, formaban un libro. Lo que es cierto del libro es cierto de todos los acontecimientos del mundo.

"No harán mal ni dañarán en todo mi santo monte; porque la tierra estará llena del conocimiento del Señor, como las aguas cubren el mar" (Isaías 11: 9).

Nada debe ser desechado; todo debe ser redimido. El ascenso de nuestras vidas por la escala vertical del significado hacia una conciencia cada vez mayor —una conciencia de las cosas de significado superior— es el proceso por el que se lleva a cabo esta redención. Del mismo modo que organizamos las letras en palabras y las palabras en oraciones para expresar un significado, la vida organiza las circunstancias, las condiciones y los acontecimientos para expresar los significados ocultos o las actitudes de las personas. Nada carece de significado.

Sin embargo, al desconocer el nivel superior del significado interior, contemplamos un panorama de acontecimientos en movimiento y parecen no tener significado para la vida. Siempre hay un nivel de significado que determina los acontecimientos y su relación esencial con nuestra vida.

A continuación, una historia que nos permitirá ver lo bueno en las cosas que parecen malas, retener el juicio y actuar correctamente en medio de problemas sin resolver.

Hace apenas unos años, nuestro país se vio conmocionado por una aparente injusticia en nuestro medio. La historia se contó en la radio y la televisión, así como en los periódicos. Tal vez recuerdas el incidente. El cuerpo de un joven soldado estadounidense muerto en Corea fue devuelto a su casa para ser enterrado. Justo antes del servicio, a su mujer le hicieron una pregunta rutinaria: ¿Era su marido caucásico? Cuando ella respondió que era indio, se le denegó el entierro. Esta negativa se ajustaba a las leyes de esa comunidad, pero despertó a toda la nación. Nos indignó que a alguien que había muerto al servicio de su país se le negara el entierro en cualquier lugar de su país. La historia llegó a oídos del presidente de los Estados Unidos, que ofreció un entierro con todos los honores militares en el Cementerio Nacional de Arlington. Después del servicio, la esposa dijo a los periodistas que su esposo siempre había soñado con morir como un héroe y tener un servicio funerario de héroe con todos los honores militares.

Cuando, en Estados Unidos, tuvimos que explicar por qué personas progresistas e inteligentes como nosotros, no solo promulgamos, sino que además apoyamos tales leyes, en nuestra gran tierra de libres y valientes, nos costó encontrar una explicación. Nosotros, como observadores, solo habíamos visto "qué" sucedió y "cómo" sucedió. No logramos ver "por qué" sucedió.

Era necesario rechazar ese entierro para que aquel muchacho pudiera hacer realidad su sueño. Intentamos explicar el drama en términos del nivel inferior de "cómo" sucedió, explicación que no podía satisfacer a quien había preguntado "por qué" sucedió. La verdadera respuesta, vista desde el nivel de significado superior, sería una inversión tan grande de nuestros hábitos comunes de pensamiento que sería rechazada al instante. La verdad es que los estados futuros son causantes de los hechos presentes —el joven indio que soñaba con una muerte de héroe, con todos los honores militares, era como Lady Macbeth transportada "más allá de este presente ignorante", y podía "sentir ahora el futuro en el instante."

"Y por eso él estando muerto aún habla"
(Hebreos 11: 4).

CAPÍTULO 5

EL JUEGO DE LA VIDA

"Puedo más fácilmente enseñar a veinte lo que es bueno hacer, que ser uno de los veinte en seguir mis propias enseñanzas" (Shakespeare).

Con esta confesión fuera de mi mente, ahora te enseñaré cómo jugar el juego de la vida. La vida es un juego y, como todos los juegos, tiene sus objetivos y sus reglas.

En los pequeños juegos que inventan las personas, como el críquet, el tenis, el béisbol, el fútbol, etc., las reglas pueden cambiar de vez en cuando. Una vez acordados los cambios es necesario aprender las nuevas reglas y jugar el juego dentro del marco de las reglas aceptadas. Sin embargo, en el juego de la vida, las reglas no pueden cambiarse ni romperse.

El juego de la vida solo se puede jugar dentro del marco de sus reglas universales y eternamente fijas. El juego de la vida se juega en el campo de juego de la mente.

Al jugar un juego, lo primero que nos preguntamos es: "¿Cuál es su objetivo y propósito?" Y lo segundo: "¿Cuáles son las reglas que rigen el juego?"

En el juego de la vida, nuestro objetivo principal es aumentar la conciencia, una conciencia de cosas de mayor significado; y nuestro segundo objetivo es alcanzar nuestras metas, realizar nuestros deseos.

En cuanto a nuestros deseos, las reglas solo nos indican el camino que debemos seguir para realizarlos, pero los deseos en sí deben ser asunto del individuo. Las reglas que rigen el juego de la vida son sencillas, pero se necesita toda una vida de práctica para utilizarlas sabiamente. He aquí una de las reglas:

"Como piensa en su corazón, así es él"
(Proverbios 23: 7).

Normalmente, se cree que el pensamiento es una función totalmente libre y sin trabas, sin reglas que lo limiten. Pero eso no es cierto. El pensamiento se mueve por sus propios procesos en un territorio delimitado, con caminos y patrones definidos. "El pensamiento sigue los caminos trazados en las propias conversaciones internas".

Todos podemos realizar nuestros objetivos mediante el sabio uso de la mente y la palabra. La mayoría de nosotros somos totalmente inconscientes de la actividad mental que se desarrolla en nuestro interior. Sin embargo, para jugar el juego de la vida exitosamente, debemos ser conscientes de cada una de nuestras actividades mentales, porque esta actividad, en forma de conversaciones internas, es la causa de los acontecimientos externos de nuestra vida.

"Toda palabra ociosa que el hombre hable, dará cuenta de ella en el día del juicio. Porque por tus palabras serás justificado, y por tus palabras serás condenado" (Mateo 12:36-37).

La ley de la Palabra no se puede romper.

"No será quebrado hueso suyo" (Juan 19:36).

La ley de la Palabra nunca pasa por alto una palabra interior ni hace la menor concesión a nuestra ignorancia de su poder. Modela la vida a nuestro alrededor de la misma manera que nosotros, por medio de nuestras conversaciones interiores, modelamos la vida dentro de nosotros mismos. Esto se hace para revelarnos nuestra posición en el campo de juego de la vida. En el juego de la vida no hay adversario; solo está el objetivo.

No hace mucho tiempo, conversaba sobre este tema con un exitoso y filantrópico hombre de negocios. Me contó una historia sobre sí mismo que me hizo reflexionar. Me dijo:

"Sabes, Neville, aprendí por primera vez sobre las metas en la vida cuando tenía catorce años, y fue en el campo de juego de la escuela. Yo era bueno en atletismo y había tenido un buen día, pero había una carrera más que correr y tenía una dura competencia en otro chico. Estaba decidido a ganarle. Le gané, es cierto, pero, mientras lo vigilaba, un tercer chico, que no se consideraba competencia en absoluto, ganó la carrera.

"Esa experiencia me enseñó una lección que he utilizado a lo largo de mi vida. Cuando la gente me pregunta acerca de mi éxito, debo decir que creo que se debe a que nunca he hecho que mi objetivo sea 'ganar dinero'. Mi objetivo es el uso sabio y productivo del dinero".

Las conversaciones internas de este hombre son basadas en la premisa de que ya tiene dinero, su constante pregunta interna es: el uso adecuado del mismo. Las conversaciones internas del que lucha por obtener dinero solo demuestran su falta de dinero. En su ignorancia del poder de la palabra está construyendo barreras en el camino hacia el logro de su objetivo; tiene la vista puesta en la competencia más que en el objetivo en sí.

"La culpa, querido Brutus, no está en las estrellas, sino en nosotros mismos, que estamos por debajo". (Julio César: Acto I, Escena II).

Del mismo modo que "los mundos fueron creados por la Palabra de Dios", también nosotros como "imitadores de Dios como hijos amados" creamos las condiciones y circunstancias de nuestra vida mediante nuestras poderosas palabras humanas internas. Sin práctica, ni el más profundo conocimiento del juego producirá los resultados deseados. "Al que sabe hacer lo correcto —es decir, que conoce las reglas y no lo hace— para él es pecado". En otras palabras, fallará el blanco y no logrará su objetivo.

En la parábola de los talentos, la condena del maestro al siervo que no utilizó su don es clara e inequívoca, y habiendo descubierto una de las reglas del juego de la vida, corremos el riesgo de fracasar si la ignoramos. El talento no utilizado, como la extremidad no ejercitada, se adormece y finalmente se atrofia. Debemos ser "hacedores de la palabra y no solo oidores". Ya que el pensamiento sigue los caminos trazados en las propias conversaciones internas, no solo podemos ver hacia dónde nos dirigimos en el juego de la vida, observando nuestras conversaciones internas, sino que también podemos determinar hacia dónde iremos, controlando y dirigiendo nuestra conversación interna.

¿Qué pensarías, dirías y harías si ya fueras quien quieres ser? Comienza a pensar, decir y hacer eso interiormente. Se te ha dicho que "Hay un Dios en el cielo que revela los secretos" y siempre debes recordar que el cielo está dentro de ti. Y para dejar bien en claro quién es Dios, dónde está y cuáles son sus secretos, Daniel continúa: "Tu sueño y las visiones que has tenido son estos". Revelan los caminos a los cuales estás atado y señalan la dirección a la cual te diriges.

Esto es lo que hizo una mujer para cambiar el camino al cual lamentablemente había estado atada, hacia la dirección en la que ella quería ir.

Durante dos años se había mantenido alejada de las tres personas que más quería. Se había peleado con su nuera, quien la echó de su casa. Durante esos dos años, no había visto ni había tenido noticias de su hijo, de su nuera, ni de su nieto, aunque entretanto le había enviado numerosos regalos. Cada vez que pensaba en su familia, que era a diario, mantenía una conversación mental con su nuera, culpándola de la disputa y acusándola de egoísta.

Una noche, al escuchar una conferencia mía —era esta misma conferencia sobre el juego de la vida y cómo jugarlo— de pronto se dio cuenta de que ella era la causa del prolongado silencio, y que ella, y solo ella, debía hacer algo al respecto.

Reconociendo que su objetivo era volver a tener esa afectuosa relación de antes, se propuso la tarea de cambiar por completo su conversación interna. Esa misma noche, en su imaginación, construyó dos cartas tiernas y cariñosas dirigidas a ella, una de su nuera y la otra de su nieto. En su imaginación, las leyó una y otra vez hasta que se durmió con la alegría de haber recibido las cartas. Repitió este acto imaginario cada noche durante ocho noches. En la mañana del noveno día, recibió un sobre que contenía dos cartas, una de su nuera y otra de su nieto. Eran cartas tiernas y cariñosas que la invitaban a visitarlos, casi réplicas de las que había construido mentalmente.

Utilizando su imaginación de forma consciente y cariñosa, había cambiado el camino al cual había estado atada, hacia la dirección que quería ir, hacia una feliz reunión familiar.

Un cambio de actitud es un cambio de posición en el campo de juego de la vida. El juego de la vida no se juega ahí fuera, en lo que se llama tiempo y espacio; los verdaderos movimientos en el juego de la vida tienen lugar dentro, en el campo de juego de la mente.

Perdiendo tu alma, tu alma
De nuevo para encontrarla;
Rendida hacia esa meta
Tu mente separada.
(Laurence Housman).

CAPÍTULO 6

TIEMPO, TIEMPOS Y LA MITAD

"Y uno de ellos dijo al hombre vestido de lino que estaba sobre las aguas del río, ¿Cuándo será el fin de estas maravillas? Y oí al hombre vestido de lino, que estaba sobre las aguas del río, que levantando su mano derecha y su mano izquierda al cielo, juró por aquel que vive para siempre, que será por un tiempo, tiempos y la mitad" (Daniel 12: 6-7).

En una de las conferencias que di en Los Ángeles sobre el tema del significado oculto tras las historias de la Biblia, alguien me pidió que interpretara la cita anterior del Libro de Daniel.

Después de confesar que no conocía el significado de ese pasaje en particular, una señora del público se dijo a sí misma: "Si la mente se comporta de acuerdo con la asunción con la que comienza, entonces encontraré la

157

verdadera respuesta a esa pregunta y se la diré a Neville".
Y esto es lo que ella me dijo:

"Anoche se hizo la pregunta: ¿Cuál es el significado de "tiempo, tiempos y la mitad", como se registra en Daniel 12: 7? Anoche, antes de irme a dormir, me dije: Ahora, hay una simple respuesta a esta pregunta, así que asumiré que yo la sé y, mientras duermo, mi ser superior encontrará la respuesta y la revelará a mi ser inferior en un sueño o en una visión.

"Alrededor de las cinco de la mañana me desperté. Era demasiado temprano para levantarme, así que permanecí en la cama y caí rápidamente en ese estado medio somnoliento, entre despierta y dormida, y mientras estaba en ese estado, me vino a la mente la imagen de una anciana. Estaba sentada en una mecedora y se mecía hacia delante y hacia atrás, hacia delante y hacia atrás. Entonces, una voz que sonaba como tu voz, me dijo: "Hazlo una y otra y otra vez hasta que adquiera los tonos de la realidad".

"Salté de la cama y volví a leer el capítulo duodécimo de Daniel, y esta es la respuesta intuitiva que recibí. Tomando los versículos sexto y séptimo, ya que constituían la pregunta de anoche, sentí que, si las prendas con las que se visten los personajes bíblicos corresponden a su nivel de conciencia, como tú enseñas, entonces, el lino debe representar un nivel de conciencia muy elevado, porque el "hombre vestido de lino estaba parado sobre las aguas del río". Y si, de acuerdo con lo que enseñas, el agua simboliza un alto nivel de verdad psicológica, entonces el individuo que pueda caminar sobre ella, verdaderamente, debe representar un exaltado estado de conciencia. Por lo tanto, sentí que lo que él tenía que decir realmente debía ser muy significativo. Ahora, la pregunta que se le hacía era: "¿Cuándo será el fin de estas maravillas?" Y su respuesta fue: "Un tiempo, tiempos y la mitad".

Recordando mi visión de la anciana meciéndose hacia delante y hacia atrás, y su voz diciéndome "hazlo una y otra vez hasta que adquiera los tonos de la realidad", y recordando que esta visión y su instrucción vinieron a mí en respuesta a mi asunción de que conocía la respuesta, intuitivamente sentí que la pregunta que se le hacía al "hombre vestido de lino" significaba: cuánto tiempo hasta que los maravillosos sueños que estoy soñando se conviertan en realidad. Y su respuesta es: "Hazlo una y otra y otra vez hasta que adquiera los tonos de la realidad". 'Un tiempo' significa realizar la acción imaginaria que implica el cumplimiento del deseo; 'Tiempos' significa repetir la acción imaginaria una y otra vez, y 'la mitad' significa el momento de quedarse dormido mientras se realiza la acción imaginaria, porque tal momento generalmente llega antes de que se complete la acción predeterminada y, por lo tanto, se puede decir que es la mitad o parte de un tiempo".

Obtener tal comprensión interna de las Escrituras por la simple asunción de que ella sabía la respuesta fue una maravillosa experiencia para esta mujer. Sin embargo, para conocer el verdadero significado de "tiempo, tiempos y la mitad", debe aplicar su comprensión en su vida diaria. Nunca debemos perder una oportunidad de poner a prueba esta comprensión, ya sea para nosotros mismos o para los demás.

Hace algunos años, una viuda que vivía en el mismo edificio que nosotros, vino a verme para consultarme sobre su gato. Este gato era su compañero inseparable y muy querido. Sin embargo, tenía ocho años, estaba muy enfermo y dolorido. Llevaba días sin comer y no se movía de debajo de la cama. Dos veterinarios habían visto al gato y le habían dicho a la mujer que no podría recuperarse y que había que sacrificarlo inmediatamente. Yo le sugerí que esa noche, antes de acostarse, creara en su imaginación alguna acción que indicara que el gato volvía a estar sano. Le aconsejé que lo hiciera una y otra vez hasta que adquiriera el tono de la realidad. Ella prometió hacerlo. Sin embargo, ya sea por falta de fe en mi consejo o por falta de fe en su propia capacidad para llevar a cabo la acción imaginaria, le pidió a su sobrina que pasara la noche con ella. Esta petición la hizo con el fin de que, si el gato no se encontraba bien por la mañana, la sobrina pudiera llevarlo al veterinario y ella, la dueña, no tuviera que enfrentarse a la temida tarea.

Esa noche, se acomodó en un sillón y comenzó a imaginar que el gato jugueteaba a su lado, arañaba los muebles y hacía muchas cosas que normalmente ella no habría permitido. Cada vez que se daba cuenta de que su mente se había desviado de su tarea predeterminada de ver un gato normal, sano y juguetón, volvía a centrar su atención en la habitación e iniciaba de nuevo la acción imaginaria. Esto lo hizo una y otra vez hasta que, finalmente, aliviada, se quedó dormida, todavía sentada en su silla.

Alrededor de las cuatro de la mañana, la despertó el gemido de su gato. Estaba junto a su silla. Tras llamar su atención, la condujo a la cocina, donde le pidió comida. Ella le preparó un poco de leche caliente, que bebió rápidamente, y gimió pidiendo más. Ese gato vivió cómodamente durante cinco años más, cuando, sin dolor ni enfermedad, murió naturalmente mientras dormía.

"¿Cuándo será el fin de estas maravillas?... Será por tiempo, tiempos y la mitad".

"En un sueño, en una visión nocturna, cuando un sueño profundo cae sobre los hombres, mientras dormitan en sus lechos, entonces Él abre el oído de los hombres, y sella su instrucción" (Job 33:15-16).

CAPÍTULO 7

SEAN ASTUTOS COMO SERPIENTES

"Sean, pues, astutos como serpientes e inocentes como palomas" (Mateo 10:16).

La capacidad de la serpiente para formar su piel mediante la osificación de una parte de sí misma, y su habilidad para desprenderse de cada piel a medida que le quedaba pequeña, hizo que se considerara a este reptil como un símbolo del poder de crecimiento infinito y la autorreproducción. Por lo tanto, al individuo se le dice que sea "astuto como la serpiente" y aprenda a desprenderse de su piel —su entorno— que es su yo solidificado; él debe aprender a "soltarlo y dejarlo ir"; "despojarse del antiguo ser"; a morir a lo viejo y, sin embargo, saber, al igual que la serpiente, que "no morirá".

El individuo aún no ha aprendido que todo lo que está fuera de su cuerpo físico también es una parte de sí mismo, que su mundo y todas las condiciones de su vida no son más que la proyección de su estado de conciencia. Cuando conozca esta verdad, detendrá la inútil lucha de la autocontienda y, como la serpiente, dejará ir lo viejo y desarrollará un nuevo entorno.

"El hombre es inmortal, por lo tanto, debe morir eternamente. Porque la vida es una idea creativa, solo puede encontrarse a sí misma en formas cambiantes" (Tagore).

En la antigüedad, las serpientes también fueron asociadas con la custodia del tesoro o la riqueza. El mandato de ser "astuto como serpiente" es el consejo al individuo para que despierte el poder de su cuerpo sutil —su imaginación— para que él, como la serpiente, pueda crecer y crecer más, morir sin morir, porque solo de tales muertes y resurrecciones, despojándose de lo viejo y vistiéndose de lo nuevo, vendrá el cumplimiento de sus sueños y el hallazgo de sus tesoros.

"La serpiente era más astuta que cualquiera de los animales del campo que el Señor Dios había hecho" (Génesis 3:1).

Así también, la imaginación, es más sutil que cualquier criatura de los cielos que el Señor Dios había creado. La imaginación es la criatura que:

"Fue sometida a vanidad, no voluntariamente, sino por causa de aquel que la sometió en la esperanza... Porque en esperanza hemos sido salvos; pero la esperanza que se ve, no es esperanza; pues, ¿Por qué esperar lo que uno ve? Pero si esperamos lo que no vemos, con paciencia lo aguardamos" (Romanos 8:20,24,25).

Aunque el ser exterior o "natural", el ser de los sentidos, está entrelazado con su entorno, el ser interior o espiritual, el ser de la imaginación, no está así entrelazado. Si estuviera completamente entrelazado, el mandato de ser "sabios como serpientes" sería en vano. Si estuviéramos completamente entrelazados con nuestro entorno, no podríamos retirar nuestra atención de la evidencia de los sentidos y sentirnos en la situación de nuestro deseo cumplido, con la esperanza de que ese estado invisible se solidificara como nuestro nuevo entorno. Pero:

"Hay un cuerpo natural, y hay también un cuerpo espiritual" (1 Corintios 15:44).

El cuerpo espiritual de la imaginación no está entrelazado con el entorno del individuo. El cuerpo espiritual puede apartarse del ser externo de los sentidos y del entorno, e imaginarse a sí mismo como lo que quiere ser. Y si permanece fiel a la visión, la imaginación construirá para él un nuevo entorno en el cual vivir. Esto es lo que significa la declaración:

"Voy a preparar un lugar para ti. Y si voy y preparo un lugar para ti, vendré otra vez y te tomaré conmigo; para que donde yo estoy, allí también estés tú" (Juan 14: 2- 3).

El lugar que está preparado para ti no necesita ser un lugar en el espacio. Puede ser salud, riqueza, compañía, cualquier cosa que desees en este mundo.

Ahora bien, ¿cómo se prepara el lugar? Primero, debes construir una representación lo más realista posible de lo que verías, oirías y harías si estuvieras físicamente presente y te movieras por ese "lugar". Luego, con tu cuerpo físico inmovilizado, debes imaginar que en realidad te encuentras en ese "lugar" y estás viendo, oyendo y haciendo todo lo que verías, oirías y harías si estuvieras allí físicamente.

Debes hacer esto una y otra vez hasta que adquiera los tonos de la realidad. Cuando se sienta natural, el "lugar" ha sido preparado como el nuevo entorno para tu ser exterior o físico. Ahora puedes abrir tus ojos físicos y regresar a tu estado anterior. El "lugar" está preparado, y donde has estado en la imaginación, allí también estarás en el cuerpo.

¿Cómo se manifestará físicamente este estado imaginado? Eso no es asunto tuyo —del ser natural o exterior. El cuerpo espiritual, al regresar del estado imaginado a su anterior estado físico, crea un puente invisible de incidentes para vincular los dos estados.

Si bien la curiosa sensación de que realmente estuviste allí y de que el estado era real desaparece tan pronto

165

como abres los ojos sobre el antiguo entorno familiar, sin embargo, te persigue la sensación de una doble identidad, con el conocimiento de que "hay un cuerpo natural y hay un cuerpo espiritual".

Cuando tú, el ser natural, ha tenido esta experiencia, atravesarás automáticamente el puente de acontecimientos que conduce a la realización física de tu lugar invisiblemente preparado.

Este concepto —que el ser humano es dual, y que el ser interior de la imaginación puede habitar en estados futuros y regresar al momento presente con un puente de acontecimientos para vincular ambos— choca violentamente con la visión ampliamente aceptada sobre la personalidad humana y la causa y naturaleza de los fenómenos. Tal concepto exige una revolución en las actuales ideas sobre la personalidad humana, y sobre el espacio, el tiempo y la materia.

El concepto de que el individuo, consciente o inconscientemente, determina las condiciones de la vida al imaginarse a sí mismo en estos estados mentales, lleva a la conclusión de que este mundo supuestamente sólido es una construcción de la mente, un concepto que, en principio, el sentido común rechaza. No obstante, debemos recordar que la mayoría de los conceptos que el sentido común rechazó en un principio, más tarde el mundo se vio obligado a aceptarlos. Estos interminables cambios de opinión que la experiencia ha impuesto al individuo, llevaron al profesor Whitehead a escribir: "El cielo sabe que lo que parece una tontería mañana puede ser una verdad demostrada".

El poder creativo en el individuo duerme y necesita ser despertado.

"Despierta, tú que duermes, y levántate de entre los muertos" (Efesios 5:14).

Despierta del sueño que te dice que el mundo exterior es la causa de las condiciones de tu vida. Levántate del pasado muerto y crea un nuevo entorno.

"¿No saben que ustedes son el templo de Dios, y que el Espíritu de Dios habita en ustedes?" (1 Corintios 3:16).

El Espíritu de Dios en ti es tu imaginación, pero duerme y necesita ser despertado para que pueda elevarte de la barra de los sentidos donde has permanecido atrapado tanto tiempo. Las ilimitadas posibilidades que se abren ante ti cuando te vuelves "astuto como serpiente" son inconmensurables. Seleccionarás las condiciones ideales que deseas experimentar y el entorno ideal en el que quieres vivir. Al experimentar estos estados en la imaginación hasta que adquieran una viveza sensorial, los exteriorizarás con la misma certeza que la serpiente exterioriza su piel. Y luego, cuando te hayan quedado pequeños, te desprenderás de ellos tan fácilmente como "la serpiente arroja su piel esmaltada".

La vida más abundante —el propósito de la Creación— no puede conseguirse mediante la muerte y la resurrección. Dios deseaba la forma, por eso se convirtió en ser humano; y no basta con que reconozcamos su espíritu obrando en la creación, debemos ver su obra en la forma y decir que es buena, aun cuando superemos la forma, por siempre y para siempre.

"Y, yo, si soy levantado de la tierra, atraeré a todos los hombres hacia mí" (Juan 12:32).

Si yo soy elevado de la evidencia de los sentidos al estado de conciencia que deseo manifestar, y permanezco en ese estado hasta que se sienta natural, formaré ese estado a mi alrededor y todos lo verán. Pero, cómo persuadir a las personas de que esto es verdad —que la vida imaginativa es la única vida; que asumir el sentimiento del deseo cumplido es el camino hacia la vida más abundante y no la compensación del escapista— ese es el problema.

Para ver como "ensanchadas cámaras de deleite" lo que significa vivir en los reinos de la imaginación, para apreciar y disfrutar del mundo, uno debe vivir imaginativamente; uno debe soñar y ocupar su sueño, luego crecer y sobrepasar el sueño, por siempre y para siempre.

La persona no imaginativa, que no quiere perder su vida en un nivel para encontrarla en un nivel superior, no es más que la mujer de Lot —una columna de sal autosatisfecha. Por otra parte, los que rechazan la forma, como algo no espiritual, y los que rechazan la encarnación, como algo separado de Dios, ignoran el gran misterio: "Grande es el misterio, Dios se ha manifestado en la carne".

168

Tu vida expresa una cosa, y solamente una cosa, tu estado de conciencia. Todo depende de eso. A medida que, por medio de la imaginación, asumes un estado de conciencia, ese estado comienza a revestirse de forma, se solidifica a tu alrededor como la piel de la serpiente se osifica a su alrededor. Pero debes ser fiel al estado. No debes ir de estado en estado, sino esperar pacientemente en el único estado invisible hasta que tome forma y se convierta en un hecho objetivo.

Es necesario tener paciencia, pero la paciencia será fácil después de tu primer éxito en despojarte de lo viejo y hacer crecer lo nuevo, porque somos capaces de esperar según hayamos sido recompensados por la comprensión en el pasado. La comprensión es el secreto de la paciencia. Como dice Blake:

¡Qué alegría natural y qué deleite espontáneo hay en ver el mundo, no con los ojos, sino a través de los ojos!

Imagina que estás viendo lo que quieres ver y permanece fiel a tu visión. Tu imaginación creará por sí misma una forma correspondiente en la cual vivir.

Todas las cosas están hechas por el poder de la imaginación. Nada comienza excepto en la imaginación humana. "De adentro hacia afuera" es la ley del universo. "Como es adentro, es afuera". El individuo se vuelve hacia fuera en su búsqueda por la verdad, pero lo esencial es mirar hacia dentro.

"La verdad está dentro de nosotros mismos, no surge de las cosas externas, aunque lo creas. Hay un centro más profundo en todos nosotros, donde la verdad permanece en plenitud... Y saber, consiste más bien en abrir una vía por donde pueda escapar el esplendor aprisionado, que en hacer una entrada para una luz que supuestamente está fuera".
(Robert Browning: "Paracelsus").

Creo que te interesará conocer un ejemplo de cómo una joven se despojó de la piel del resentimiento y se puso una piel muy diferente. Los padres de esta mujer se habían separado cuando ella tenía seis años y había vivido con su madre. Rara vez veía a su padre, sin embargo, una vez al año, él le enviaba un cheque por cinco dólares para Navidad. Después de su matrimonio, él aumentó su regalo de Navidad a diez dólares.

Un día, después de una de mis conferencias, ella se quedó pensando en mi declaración de que la desconfianza de una persona hacia otra no es más que una medida de su propia falsedad, y reconoció que había estado albergando resentimiento hacia su padre, durante años. Aquella noche decidió soltar su resentimiento y poner en su lugar una reacción de afecto. En su imaginación, sintió que abrazaba a su padre de una manera afectuosa. Lo hizo una y otra vez, hasta que captó el espíritu de su acto imaginario, y luego se durmió muy contenta.

Al día siguiente pasó por casualidad por el departamento de pieles de una de nuestras grandes tiendas de California. Desde hacía algún tiempo había estado pensando en comprarse una bufanda de piel, pero sentía que no podía permitírselo. Esta vez le llamó la atención una bufanda de garduña, la tomó y se la probó. Después de sentirla y verse a sí misma con ella, se quitó la bufanda de mala gana y se la devolvió al vendedor, diciéndose a sí misma que realmente no podía permitírsela. Cuando salía del departamento, se detuvo y pensó: "Neville dice que podemos tener lo que deseamos si tan solo capturamos el sentimiento de ya tenerlo". En su imaginación, se volvió a poner la bufanda, sintió su realidad, y continuó con sus compras, mientras disfrutaba imaginando que la llevaba puesta.

Esta joven nunca asoció estos dos actos imaginarios. De hecho, casi había olvidado lo que había hecho hasta que, unas semanas más tarde, en el Día de la Madre, sonó inesperadamente el timbre de la puerta. Allí estaba su padre. Mientras lo abrazaba, recordó su primera acción imaginaria. Al abrir el paquete que le había traído —el primer regalo en tantos años— recordó su segunda acción imaginaria, pues la caja contenía una hermosa bufanda de garduña.

"Ustedes son dioses, y todos ustedes son hijos del Altísimo" (Salmos 82: 6).

"Sean ustedes, por lo tanto, astutos como serpientes e inocentes como palomas" (Mateo 10:16).

CAPÍTULO 8

EL AGUA Y LA SANGRE

"El que no nace de nuevo no puede ver el reino de Dios" (Juan 3: 3).

"Pero uno de los soldados le abrió el costado con una lanza, y al instante salió sangre y agua" (Juan 19:34).

"Este es el que vino mediante agua y sangre, Jesucristo; no solo por agua, sino por agua y sangre" (1 Juan 5: 6).

Según el evangelio y la epístola de Juan, no solo debemos "nacer de nuevo", sino que debemos nacer de nuevo de agua y sangre. Estas dos experiencias internas están vinculadas a dos ritos externos: el bautismo y la comunión. Pero los dos ritos externos —el bautismo para simbolizar el nacimiento por agua, y el vino de la comunión para simbolizar la aceptación de la sangre del Salvador— no pueden producir el nacimiento real o la transformación radical que se promete al individuo. El uso externo del agua y el vino no puede provocar el cambio de mentalidad deseado. Por lo tanto, debemos buscar el significado oculto detrás de los símbolos del agua y la sangre.

La Biblia utiliza muchas imágenes para simbolizar la verdad, pero las imágenes utilizadas simbolizan la verdad en diferentes niveles de significado. En el nivel más bajo, la imagen utilizada es la piedra. Por ejemplo:

"... Había una gran piedra sobre la boca del pozo. Cuando todos los rebaños se juntaban allí, entonces rodaban la piedra de la boca del pozo y daban de beber a las ovejas..." (Génesis 29: 2, 3).

"Descendieron a las profundidades como piedra" (Éxodo 15: 5).

Cuando una piedra bloquea el pozo, significa que la gente ha tomado literalmente estas grandes revelaciones simbólicas de la verdad. Cuando alguien hace rodar la piedra, significa que un individuo ha descubierto debajo de la alegoría o parábola su germen de vida psicológica, o significado. Este significado oculto que se esconde tras las palabras literales está simbolizado por el agua. Es esta agua, en forma de verdad psicológica, que luego ofrece a la humanidad.

"El rebaño de mi prado, son los hombres" (Ezequiel 34:31).

La persona de mente literal que rechaza la "copa de agua" —la Verdad psicológica— que se le ofrece, "desciende a las profundidades como una piedra". Permanece en el nivel donde ve todo en pura objetividad, sin ninguna relación subjetiva, él puede mantener literalmente todos los mandamientos —escritos en piedra— sin embargo, los rompe psicológicamente todo el día. Por ejemplo, puede que literalmente no robe la propiedad de otro, sin embargo, ver al otro en la necesidad. Ver a otro en necesidad es robarle su derecho como hijo de Dios. Porque todos somos "hijos del Altísimo".

"Y si hijos, también herederos; herederos de Dios y coherederos con Cristo" (Romanos 8:17).

Saber qué hacer ante una aparente desgracia es tener la "copa de agua", la verdad psicológica, que podría salvar la situación. Pero tal conocimiento no es suficiente. El individuo no solo debe "llenar las vasijas de piedra con agua", es decir, descubrir la verdad psicológica, sino que debe convertirla en vino. Esto lo hace viviendo una vida de acuerdo con la verdad que ha descubierto. Solo mediante ese uso de la verdad puede "Probar el agua hecha vino..." (Juan 2: 9)

El derecho de nacimiento del ser humano es ser Jesús. Ha nacido para "salvar a su pueblo de sus pecados" (Mateo 1: 21). Pero la salvación humana "no es solo por agua, sino por agua y sangre". No basta con saber lo que hay que hacer para salvarse o salvar a otro; hay que hacerlo. Saber lo que hay que hacer es agua; hacerlo es sangre.

"Este es el que vino mediante agua y sangre; no solo con agua, sino con agua y con sangre". (1 Juan 5:6)

Todo este misterio está en el uso consciente y activo de la imaginación para apropiarse de ese estado particular de conciencia que te salvaría a ti o a otro de la limitación actual. Las ceremonias externas no pueden lograr esto.

"Allí se encontrarán con un hombre que lleva un cántaro de agua; síganlo a la casa donde entre. Y dirán al dueño de casa: "El Maestro te dice: ¿Dónde está la habitación en la cual pueda comer la Pascua con mis discípulos?" Entonces, él les mostrará un gran aposento alto, ya dispuesto y preparado" (Lucas 22:10-12).

Cualquier cosa que desees ya está "dispuesta y preparada". Tu imaginación puede ponerte en contacto interiormente con ese estado de conciencia. Si imaginas que ya eres el que quieres ser, estás siguiendo al "hombre que lleva un cántaro de agua". Si permaneces en ese estado, has entrado en la habitación —la Pascua— y has entregado tu espíritu a las manos de Dios, tu conciencia.

El estado de conciencia de una persona es su demanda en el almacén infinito de Dios y, como en la ley del comercio, una demanda crea un suministro. Para cambiar el suministro, cambias la demanda —tu estado de conciencia.

Debes sentir que ya eres lo que deseas ser. Tu estado de conciencia crea las condiciones de tu vida, en lugar de que las condiciones creen tu estado de conciencia. Conocer esta verdad es tener el "agua de vida".

Pero tu salvador —la solución de tu problema— no puede manifestarse solo con ese conocimiento. Solo puede realizarse cuando se aplica dicho conocimiento. Solo cuando asumes el sentimiento de tu deseo cumplido y continúas en él, tu costado es traspasado; de ahí viene la sangre y el agua. Solo de esta manera se manifiesta Jesús —la solución de tu problema.

> "Porque debes saber que en el gobierno de la mente tú eres tu propio señor y maestro, que no se levantará ningún fuego en el círculo o en toda la circunferencia de tu cuerpo y tu espíritu, a menos que lo despiertes tú mismo" (Jakob Böhme).

Dios es tu conciencia. Sus promesas son condicionales. A menos que cambie la demanda —tu estado de conciencia— el suministro, las condiciones actuales de tu vida, permanecerán como están.

"A medida que perdonamos", a medida que cambiamos nuestra mente, la ley es automática. Tu estado de conciencia es el resorte de la acción, la fuerza que dirige y que crea el suministro.

> "Si esa nación contra la que he hablado se vuelve de su maldad, me arrepentiré del mal que pensaba traer sobre ella. O en otro momento puedo hablar acerca de una nación o un reino, de edificar y plantar, pero

si hace mal ante mis ojos, no obedeciendo mi voz, entonces me arrepentiré del bien con que había prometido bendecirlo" (Jeremías 18: 8 -10).

Esta declaración de Jeremías sugiere que existe un compromiso implícito, si el individuo o la nación desean alcanzar el objetivo: un compromiso con ciertas actitudes mentales fijas. El sentimiento del deseo cumplido es una condición necesaria en la búsqueda del objetivo por parte del individuo.

La historia que voy a contarles muestra que el individuo es lo que el observador tiene la capacidad de ver en él; lo que se ve es un índice directo del estado de conciencia del observador. Esta historia también es un desafío para todos nosotros, para que "derramemos nuestra sangre", para que usemos nuestra imaginación noblemente en nombre de otro. No hay ningún día que no nos brinde la oportunidad de transformar una vida mediante el derramamiento de nuestra sangre.

"Sin el derramamiento de sangre no hay remisión" (Hebreos 9:22).

Una noche, en la ciudad de Nueva York, pude revelar el misterio del "agua y la sangre" a una maestra de escuela. Yo había citado la declaración anterior de Hebreos 9:22, y continué explicando que la comprensión de que no tenemos ninguna esperanza salvo en nosotros mismos es el descubrimiento de que Dios está dentro de nosotros, que este descubrimiento hace que las oscuras cavernas del cráneo se vuelvan luminosas, y sabemos que:

"La lámpara del Señor es el espíritu del hombre" (Proverbios 20:27).

Este reconocimiento es la luz que nos guía con seguridad sobre la tierra.

"Su lámpara resplandecía sobre mi cabeza, y a su luz caminaba yo en la oscuridad" (Job 29:3).

Sin embargo, no debemos considerar a esta luz radiante de la cabeza como Dios, pues el ser humano es la imagen de Dios.

"Dios aparece y Dios es luz
a esas pobres almas que moran en la noche;
Pero muestra una forma humana
a quienes habitan en los reinos del día"
(Blake).

Pero para conocer esto hay que experimentarlo. No hay otra manera, y ninguna experiencia ajena puede sustituir a la nuestra.

Le dije a la maestra que su cambio de actitud con respecto a otro produciría un cambio correspondiente en el otro; que tal conocimiento era el verdadero significado del agua mencionada en 1 Juan 5:6, pero que tal conocimiento por sí solo no era suficiente para producir el renacimiento deseado; que tal renacimiento solo podía producirse por "agua y sangre", o la aplicación de esta verdad. El conocimiento de lo que hay que hacer es el agua de vida, sin embargo, hacerlo es la sangre del salvador. En otras palabras, un poco de conocimiento, si se lleva a cabo en la acción, es más beneficioso que mucho conocimiento que no llevamos a cabo en la acción.

Mientras hablaba, en la mente de la profesora no dejaba de aparecer una alumna. Pero pensó que este sería un caso demasiado difícil para poner a prueba la verdad de lo que le estaba diciendo sobre el misterio del renacimiento. Todos sabían, profesores y alumnos por igual, que esta alumna en particular era incorregible.

Los hechos externos de su caso eran estos: Los profesores, incluidos el director y el psiquiatra de la escuela, habían discutido sobre la alumna unos días antes. Habían llegado a la decisión unánime de que, por el bien de la escuela, la chica debía ser expulsada al cumplir los dieciséis años. Era maleducada, grosera, poco ética y utilizaba el lenguaje más vil. Solo faltaba un mes para la expulsión.

Mientras volvía a casa esa noche, la profesora no dejaba de preguntarse si realmente podría cambiar lo que pensaba de la chica y, en caso afirmativo, si la alumna experimentaría un cambio de comportamiento porque ella misma había experimentado un cambio de actitud. La única forma de averiguarlo era intentarlo. Esto sería una gran tarea porque significaba asumir plena responsabilidad por la encarnación de los nuevos valores en la alumna. ¿Se atrevería a asumir un poder tan grande, un poder tan creativo, semejante al de Dios? Esto significaba una completa inversión de la actitud normal del individuo hacia la vida de "le amaré si él me ama primero", a "Él me ama, porque yo lo amé primero". Esto era demasiado parecido a jugar a ser Dios.

"Nosotros lo amamos a él, porque él nos amó primero" (1 Juan 4:19).

Sin embargo, por mucho que intentara argumentar en contra, persistía la sensación de que mi interpretación daba sentido al misterio del renacimiento por "agua y sangre". La profesora decidió aceptar el reto. Y esto es lo que hizo: Trajo el rostro de la niña ante el ojo de su mente y la vio sonreír. Escuchó e imaginó que oía a la niña decir "Buenos días". Esto era algo que la alumna nunca había hecho desde que llegó a esa escuela. La profesora imaginó lo mejor de la chica, y luego escuchó y miró como si oyera y viera todo lo que oiría y vería después de que estas cosas sucedieran. La profesora hizo esto una y otra vez hasta que se convenció de que era verdad, y se quedó dormida.

A la mañana siguiente, la estudiante entró en su clase y sonriendo dijo: "Buenos días". La profesora estaba tan sorprendida que casi no respondió y, según su propia confesión, durante todo el día buscó signos de que la chica volviera a su comportamiento anterior. Sin embargo, la niña continuó en su estado transformado. Al final de la semana, todos notaron el cambio; se convocó una segunda reunión de personal y fue revocada la decisión de expulsión. Como la chica seguía siendo cordial y amable, la profesora tuvo que preguntarse: "¿Dónde estaba la niña mala en primer lugar?"

"Porque misericordia, piedad, paz y amor es Dios, nuestro padre querido.
Y misericordia, piedad, paz y amor es el hombre, su hijo y cuidado".
("La Imagen Divina" —Blake).

En principio, la transformación siempre es posible, porque el ser transformado vive en nosotros, y solo se trata de tomar conciencia de ello. La profesora tuvo que experimentar esa transformación para conocer el misterio de "la sangre y el agua"; no había otra manera, y ninguna experiencia humana podría haber sido un sustituto de la suya.

"Tenemos redención a través de su sangre" (Efesios 1: 7).

Sin la decisión de cambiar de opinión con respecto a la chica, y el poder imaginativo para llevarla a cabo, la profesora nunca habría podido redimir a la alumna. Nadie puede conocer el poder redentor de la imaginación si no ha "derramado su sangre", y probado el cáliz de la experiencia.

Una vez que lees bien tu propio pecho
ya has terminado con los miedos.
El hombre no obtiene otra luz,
Aunque busque por mil años.
(Matthew Arnold).

CAPÍTULO 9

UNA VISIÓN MÍSTICA

Con muchas parábolas como estas, Jesús les hablaba la palabra, según podían oírla; y sin parábola no les hablaba; pero a sus propios discípulos les explicaba todo en privado.
(Marcos 4:33- 34).

Esta colección de parábolas, que se llama la Biblia, es una revelación de la verdad expresada en simbolismo para revelar las leyes y los propósitos de la mente humana. A medida que nos hacemos conscientes de los significados más profundos de las parábolas, por encima de los que habitualmente se les asignan, las vamos aprehendiendo místicamente.

Por ejemplo, tomemos una visión mística del consejo dado a los discípulos en Mateo 10:10. Leemos que cuando los discípulos estaban listos para enseñar y practicar las grandes leyes mentales que les habían sido reveladas, se les dijo que no se aprovisionaran de calzado para el viaje. Un discípulo es alguien que disciplina su mente para que pueda funcionar conscientemente y actuar en niveles de conciencia cada vez más elevados. Se eligió el calzado como símbolo de la expiación indirecta o del espíritu de "déjame hacerlo por ti", porque el calzado protege al portador y lo resguarda de las impurezas al tomarlas sobre sí mismo. El objetivo del discípulo es siempre conducirse a sí mismo y a los demás de la esclavitud de la dependencia hacia la libertad de los hijos de Dios. De ahí el consejo de no llevar calzado. No aceptes intermediarios entre tú y Dios. Aléjate de todos los que se ofrezcan a hacer por ti lo que tú deberías hacer, y que podrías hacer mucho mejor por ti mismo.

"La Tierra está atiborrada de Cielo,
y cada arbusto común encendido con Dios,
pero solo el que ve se quita los zapatos"
(Elizabeth Barrett Browning).

"En verdad les digo que en cuanto lo hicieron a uno de estos hermanos míos, aun a los más pequeños, a mí me lo hicieron" (Mateo 25:40).

Cada vez que ejercitas tu imaginación en nombre de otro, ya sea bueno, malo o indiferente, literalmente se lo has hecho a Cristo, porque Cristo es la imaginación humana despierta. Mediante el uso sabio y amoroso de la imaginación, el individuo viste y alimenta a Cristo, y mediante el uso ignorante y temeroso de la imaginación, desnuda y azota a Cristo.

"Que ninguno de ustedes piense mal en su corazón contra su prójimo" (Zacarías 8:17).

Ese es un consejo sensato pero negativo. Es posible que una persona deje de utilizar mal su imaginación por consejo de un amigo; puede servirse negativamente de la experiencia de otros y aprender a no imaginar, pero eso no basta. Tal falta de utilización del poder creativo de la imaginación nunca podría vestir y alimentar a Cristo. La túnica púrpura del hijo de Dios se teje, no al no imaginar el mal, sino al imaginar el bien; por el uso activo, voluntario y amoroso de la imaginación.

"Todo lo que es de buen nombre, si hay alguna virtud, y si hay algo digno de alabanza, piensa en estas cosas" (Filipenses 4: 8).
"El rey Salomón se hizo un carruaje de madera del Líbano. Hizo sus columnas de plata, su respaldo de oro y su asiento de púrpura, su interior tapizado con amor" (Canción de Salomón 3: 9-10).

Lo primero que notamos es que "el rey Salomón se hizo para sí mismo". Eso es lo que todos eventualmente deben hacer: hacerse un carro de madera del Líbano. El escritor de esta alegoría utiliza el término carro para referirse a la Mente, en la que se encuentra el espíritu de la Sabiduría —Salomón— que controla las cuatro funciones de la mente para construir un mundo de amor y verdad.

"José preparó su carro y subió a Gosén para ir al encuentro de su padre Israel" (Génesis 46:29).

"¿Qué tributarios le acompañan a Roma adornando con lazos de cautiverio las ruedas de su carroza?" (Shakespeare. "Julio Cesar"—Acto I).

Si el individuo no se hace un carro de madera del Líbano, entonces su carro será como el de la reina Mab: "Ella es la nodriza de las hadas... su carroza es una cáscara de avellana".

La madera del Líbano era el símbolo místico de la incorruptibilidad. Para un místico, es evidente lo que el rey Salomón se hizo. La plata tipificaba el conocimiento, el oro simbolizaba la sabiduría y el púrpura vestía o cubría la mente incorruptible con el rojo del amor y el azul de la verdad.

"Le pusieron un manto de color púrpura"
(Marcos 15:17)

Sabiduría cuádruple encarnada e incorruptible, vestida de púrpura —amor y verdad— el propósito de la experiencia del ser humano en la tierra.

El amor es la piedra del sabio;
Saca oro del terrón;
Convierte la nada en algo,
Me transforma en Dios.
(Ángelus Silesius).

Sabiduría de Ayer, para los Tiempos de Hoy

www.wisdomcollection.com